目 录
Contents

> 一个明确的学习目的不仅能够帮助教师最有效地利用教学时间，而且能够提醒学生哪些是重要的信息，吸引学生的注意力。

> 一个完善的目标在链接知识的同时，也让一天的学习富有意义，丰富有趣。

致 谢
Acknowledgments

　　此书之所以能够出版，是因为丘拉维斯塔区小学局教务长和局长助理约翰·尼尔森博士要求我们调查并确立学生学习的目的。接受任务后，我们十分荣幸地与整个区的几百位教师一起工作，他们都在2009～2010年度及2010～2011年度的教学指导小组工作；同时，我们还请教了整个区各个小学的一线领导，书中的很多信息及观点都是他们提供的。通过采用创建学生学习目标的方法，整个丘拉维斯塔区小学学生的学习成绩取得了极大的进步，取得优秀成绩的学生数量超过了以往的任何时期。

　　我们从萨拉索塔公立学校局中学委员会执行主任佩吉·戴特曼和她的团队那里，获得了很多非常有用的信息和忠告，她的团队成员包括：萝布·马诺吉安，苏·梅克勒，德安妮·尼尔森和朱迪·罗布森。他们实施的"责任顺序渐进法"给了我们很大的启迪，并让我们有机会不断地改进我们的观点。萨拉索塔公立学校的学生由于采取"责任顺序渐进法"也受益匪浅。

　　圣地亚哥联合学区局长助理大卫·罗登博士，允许我们和他的团队一起，开发第一章中所提到的评估标准。大卫对标准中的每一个观点都提出了自己的看法，并和我们一起制定了切实可行的计划。针对这些观点，他在第8区给我们介绍了一些负责人——凯西·伯恩斯，玛丽·凯西·卡尔卡格诺，约翰·布拉德·卡拉汉，帕特·克罗德，E·杰伊·杜瓦，戴夫·唐尼，布鲁斯·弗格森，朱迪·福格尔，伊丽莎白·丽丝蒂·纪灵汉姆，麦克·吉梅内斯，斯塔西·琼斯，杰米·约根森，苏珊·利维，尤兰达·路易斯，乔纳森·麦克达德，玛丽·罗蕾莱·奥尔森，邦尼·雷明顿，莎拉·沙利文，凯西·乌尔夫——这些负责人对"自我评估标准"中的观点分享了自己的想法，提出了非常有用的建议。

在健康科学学院高中部的经历也让我们获益颇多。在这里，我们调查了许多9～12年级的学生。高中部的每位老师都非常支持我们的工作，给我们提供建议、指导及案例。我们非常荣幸地称他们为同事和朋友。

最后，特别要感谢斯科特·威利斯编辑，他用那双灵巧的手和智慧编辑了这部书。多亏了他的慎思和友情，我们的成果才得以及时与您分享。

The Purposeful Classroom

第 1 章

向学生清楚传达学习目的

**ESTABLISHING PURPOSE FOR YOURSELF
AND YOUR STUDENTS**

"伟大的头脑有目标，其他人则只有愿望。"

这是华盛顿·欧文的名言，他塑造了一个特别令人难忘的人物：里普·万·温克尔。你可能还记得，里普有一天睡着了，20天后他醒来时，竟然不记得发生了什么，对周围的环境也无法应对：他不认识自己的邻居，想不起一个熟人的名字（其实这个人是他的大儿子），他宣誓为英国女皇效忠，不知道在他睡着时已经发生了"美国独立战争"。尽管里普·万·温克尔生活在一个拥有各种信息的环境里，这些信息足以让他理解周围的环境，但他却仍然迷惑。

课堂上有时也会发生类似的事情：有些信息对教师来说非常明显，但学生却像里普·万·温克尔一样，怎么也搞不清楚。学生们不明白教师教学的语境和目的，不明白自己应该学什么。优秀的教师们确实在努力运用最新的研究成果和精心设计的教学资料，但有时候，教师们却只能依赖希望——希望学生们能够学到他们教授的知识。其实，我们需要做的是明确每堂课的学习目的。

⚙ 明确学习目的

确定每堂课的学习目的是一种常见的教学方法，而且通常是书面形式。从获得教师资格证的那一刻起，教师就要认真考虑学生们要学什么，能够学多少。一个明确的学习目的，不仅能够帮助教师最有效地利用教学时间，而且能够提醒学生哪些是重要的信息，以吸引学生的注意力。请看下面以教学内容为主要目标的陈述：

> 明确青蛙生命周期里的各个阶段。

看完这个陈述后，你知道老师要学生们学习什么吗？你能够找到合适的教学资料或是设计一个教学故事便于学生理解吗？你能设计一个评估标准，测出哪些学生掌握了这些信息吗？如果运气好的话，你对以上每个问题的回答才都是肯定的。

提高内容的相关性或是关注语言表达（本书后文会论述这一要素）都可能使上述陈述更准确，但我们的观点依然是：学习目的明确，才能够促进教学。我们不是让学生去猜测学习目的，而是需要明确地指出来。

目的 = 期望

对学习内容确立明确的目的是学习新知识的主要动力，并且能够使学生更好地理解学习内容。简单地说，学生了解了学习目的，就会学到更多。

在确立学习目的时，我们也明确了对学生的学习期望。当老师对学生寄予厚望，同学生交流这种期望并提供必要的支持时，学生的表现就会非常优秀。相反，如果老师对学生期望很低，并通过语言或其他方式将这种信息传达给学生，学生的表现就会非常差。来自英国伦敦一些极度贫困学校的证据表明，对学生的高期望值能够减少学生犯罪和不良行为。我们也了解到，如果教师对传统意义上表现较差的学生期望较低，就会导致学生表现越来越差。

教师衡量高期望值是否合适的方法之一，就是分析明确的学习目的是否与学生的水平相匹配。回顾学习目的，教师能发现所授课程是否低于学生的学习水平，进而调整教学内容，让学生的学习成绩达到教师的高期望值。毕竟，用4～6年级的标准教授7年级的学生，即使教学水平再高，学生最多也只能够达到5年级的水平。这并不意味着教师不需要给予学生基础性的指导——基础知识和技能确实非常重要，也能够在指导性教学中完成，但是，在对整个班级授课以及对合作小组授课时，教授的内容必须与特定年级的期望程度一致。

目标与目的表述

每堂课的目标都在老师的脑子里，明确学习目的就是将这堂课的目标清楚地告诉学生。教师有意地将课堂目标传递给学生，是为了让学生明白他们应当学习什么，用他们学到的知识做什么。一个表述清晰、学生也非常清楚的学习目标是概念、技能和信息等知识体系的基础。

有很多专门关注课堂目标的优秀资源，我们将在第2章专门讲述这部分内容，但这并不是此书的主要关注点。我们感兴趣的是，如何将学习目的传递给学生，如何用确定的目标指导学生学习。这要求的就不仅仅是写一份合格的课堂目标计划书，尽管计划书很重要，但是不足以达到我们所追求的目标。我们希望学生能够自我管理和自我激励，同时也能进行批判性的思考，能够了解周围的世界。

"SMART"是一种为人们广泛使用的辅助记忆工具，能够帮助人们记住精心设计的目标。最初，"SMART"代表Specific（具体的），Measurable（可测量的），Attainable（可获得的），Relevant（相关的），和Time-based（以时间为基础的）。但是，随着时间的推移，"SMART"的所指有了改变，增加了新的单词和含义。例如，豪伊（Haughey）建议"SMART"代表下列内容：

S–specific, significant, stretching（具体的，重大的，可拓展的）

M–measurable, meaningful, motivational（可测量的，有意义的，可激励的）

A–agreed-upon, attainable, achievable, acceptable, action-oriented（同意的，可获得的，可实现的，可接受的，可操作的）

R–realistic, relevant, reasonable, rewarding, results-oriented（现实

的，相关的，合理的，有收获的，有结果的）

T-time-based, timely, tangible, trackable（以时间为基础的，及时的，可见的，可追踪的）

一个目标不一定能够作为目的表述，因为学生可能会迷失在细节当中。学生想知道的是：他们要学什么，老师期望他们如何证明自己是否已经掌握了所学的知识。请看下列满足"SMART"标准的一节生物课学习目标：

> 在此课结束后，学生能够以书面的形式，通过总结蛋白质的生成过程解释DNA的作用。

此目标对教师非常有用，有时间因素，有具体内容和可以量化的结果。但我们认为，尽管此目标符合"SMART"标准，但却不适合学生。第一，我们认为尽管时间限制对教学非常重要，但对目的表述却没有必要。第二，当目的表述包括了某个任务，学生就会只关注完成任务，而忽略了他们应该学习的东西。我们认为，以目标和学习内容为基础的目的表述应当如下：

> 请根据蛋白质的生成过程，解释DNA的作用。

在这种情况下，学生立刻明白他们该学的知识。事实上，他们会认为，老师会调整课堂时间，保证他们学会他们应该学到的知识。这样，目的表述就会以学生为中心，而不会因为目标狭窄而限制他们的理解力。

标准与目的表述

在20世纪80年代，各州都在大力提倡教学内容标准，教学标准代替了挂在教室墙上的教学目标。（我们曾经与一位校长共事，他要求将教学标准贴在教室的墙上，并要求教师在课堂讲课空闲时经常看看。）但是，用教学标准代替教学目标实际上是教育界的一种退步。因为尽管教学目标对学生有一定的副作用，但它至少是以学生的学习内容为中心的。设想一下，6年级教室的墙上挂着这样的教学标准：

> 请解释希腊神话对社区居民日常生活的意义，并说明希腊文学是如何继续影响我们今日的文学及语言。以希腊神话和史诗为例，如荷马的《伊利亚特》和《奥德赛》，及《伊索寓言》。（加利福尼亚教育局，2000年，第25页）

这份陈述的第一个问题是，所描述的内容即使不是需要几周学完，也至少需要几天才能学完。我们的经验表明，目的表述应当关注当天应完成的事，而不是很多天以后才能完成的事。结果，这个贴在墙上作为目的表述的标准被学生看作墙纸，因为它要贴在墙上很久。另外，这个陈述有太多的要求。那么学生应当关注什么呢？具体来说，学生应当学什么？为什么要学？

标准应当拆分，而不是挂在墙上。优秀的设计思路都已经出现了，譬如"设计才能理解"，保证了教师的授课内容是以标准为基础，学生也知道学什么。很多州都在采用"美国各州共同核心课程标准"，这将给教师提供新的机会：既关注教学内容，又关注学生学习什么。再强调一次，仅仅把"美国各州共同核心课程标准"挂在墙上，并不能让学生学到应该学到的知识。

目的与探究性学习

有些教育者认为，创建一个清晰的学习目的实际上对探究式的教学不利。事实上，我们曾经与一位科学教师交流过，他说："我从不讲出学习目的，因为那样会毁掉探究过程，学生也不愿意做实验。"我们对这种态度感到迷惑，因为科学明确表明，研究者所做的每一个实验都是有目的的。请看科学研究的过程：

1. 提出问题。

2. 进行背景研究。

3. 创建一个假设。

4. 通过实验验证这个假设。

5. 分析数据，得出结论。

6. 讨论结果。

以上的每一个步骤都有一个目的，如果目的不明确，初学者就可能感到迷惑，甚至误会信息。

也许与我们交流的那位科学教师的意思是，探究式教学的目的表述应该关注"内容"而不是"过程"，如下面这个表述：

识别数据集里的异常值。

这个表述告诉学生，当他们在确定某个给定的数据点的有效性时，应当学什么。这样，学生们就会开始学习如何检查自己的数据集，然后再分析数据，看是否有数据点录入错误。一段时间后，学生们就学会了识别异常值，并知道为什么研究人员会删除异常值。了解异常值的作用是探究式学习和科学研究的一部分，也是必须教给学生的知识。

也许那位科学教师的意思是，学习目的应该在一上课就告诉学生。然而明确学习目的的一大误会，就是认为学生在刚走进教室时，就应该知晓学习目标。学生的确应该知道学习目标，但不一定是在刚上课的时候。例如，当我们给学生读信息性的课文时，我们并没有必要在读课文之前就告诉学生学习目的。通常的做法是，我们读一段课文，让学生分组讨论，将课文内容与自己的亲身经历联系起来，然后让学生对刚读过的课文进行辩论，最后再告诉学生学习目的。我们有一位同事，从来不在学生做实验之前告诉学生学习目的，她要学生先亲自实验，然后再告知相关目的。学生们常常会先假设一个目的，在做完实验后，再与老师确认。

目的吸引注意力

开始授课时，最重要的是吸引学生的注意力。如果课程内容一开始就吸引了学生的注意力，就没有必要告诉学生学习目的，否则可以通过告诉学生学习目的来吸引学生，赢得他们的注意力。学习目的与注意力之间的相互作用，值得教师花时间思考。

人们一直在说，教师是真正的脑力劳动者，因此应当了解大脑的工作原理，这样才能更有效地推动大脑的发展。最近几年，有关大脑的知识信息已经呈爆炸式，大脑结构及其作用成为了一个新兴的跨学科专业。心理学家，神经系统科学家，教育家都认为本专业与其他专业能够相互影响，并将这个新兴的专业称为"神经系统教育"专业。

各专业共同研究的一个主要领域，就是学习注意力。毕竟，注意力是一种受环境影响的心理状态。保持较长时间注意力的能力包括两方面的因素：年龄因素（年龄小的孩子保持注意力的时间比年龄大的孩子短）和语境因素（我们感兴趣的东西会更加吸引我们的注意力）。但是人们忽略了一个同样起重要作用的因素——专业性。一个新人参加单位会议时，单位最重要的信息可能也引不起他的注意，如果他不十分清楚应当注意什么，一切都似乎并不重要。当你与某一行的专家在一起时，你可能也会有这样的感受。你和一个艺术迷朋友在一个艺术博物馆里参观，她指着某个画家的一幅画说，这幅画的线条极其独特。对你来说，这不过是一幅给人带来美感的画而已，而对你的专家朋友来说，这却是充满艺术技巧的精品。同样的道理，一个初学乘法的学生可能会忽略某个重要的乘法公式，或者不清楚乘法其实就是快速相加的过程，由专业的课堂设计教师做出的学习目的表述，就能够让学生了解这些细微的差别。

你这位热爱艺术的朋友不仅仅是注意某幅画，她知道欣赏什么，也知道怎么欣赏。她的大脑在双向运转，是她的注意力影响着她的观点、记忆力和学识；反过来，这些因素也影响着她的注意力。同样，你也学到了你以前不知道的东西，因为她教给了你。当你专心听她讲的时候，你忽略了其他参观者的声音（选择性注意力），头脑里迅速变换着她说的话和画本身（交叉注意力），命令自己的大脑不要走神（持续性注意力）。你的朋友会不时停下来，看看你是否在听她讲；她问你问题，看你是否理解了她讲的内容。课堂教学也一样：注意力是由教师和学生共同构建的，双方都起着不可替代的作用。

关键问题是，当你离开艺术博物馆时，你是否还记得你朋友讲的话？再强调一次，注意力起着关键作用。如果你的朋友将这幅画的信息与你已经掌握的信息相联系，那么她就能够帮助你记住这些信息。例如，如果她告诉你，那幅画里看得见的画笔描边，实际上是印象派画家的特色，那么你马上就回忆起了上大学艺术史课上印象派时期的相关知识。你甚至可能对自己说："哦，这真有意思！"
并决定用心记住它。你们两人都在创建印象派的知识结构图，你在
增加新知识的同时还巩固了已掌握的知识。明确的学习目的，不仅
能够吸引学习者的注意力来学习新知识，而且还能巩固他们已有的
旧知识。

也许你现在明白了，为什么心理学家、教育家和神经系统科学家
能够在一起工作，因为理解大脑的运转功能涉及到心理学、认知学和
生物学角度，三者相互依靠，不可分离。我们这个领域的特长是认知
学/行为学视角，比如艺术博物馆的那位朋友，实际上我们是通过对上
文提到的科学教师同事的观察来诠释她的行为的。最有影响的认知理
论是"逐步放开责任教学法"。

⚙ 逐步放开责任教学法

"逐步放开责任教学法"模型最初由坎皮奥内提出。他的同事对此
理论进行了拓展，并命名为"认知学徒模型"。他们认为，教师在六个
阶段起作用，分别是：（1）专家行为示范；（2）检测学生是否理解；
（3）评估学生新的学习能力；（4）促进深入理解；（5）构建学习能力
薄弱的学生新的学习能力；（6）在学生能够独立学习时及时退出。此
模型开发的目的，就是在纯粹的自学和以教师为中心的教学之间找到
一个平衡点。皮尔森和加拉格尔将此方法应用于阅读理解教学，提出
了分享、指导、独立阅读的框架。他们把这个框架称为"逐步放开责

任教学法"，强调学生和教师的认知负担是相互作用的。随着学生获得的技能越来越多，认知责任便逐渐转向学生，而教师承担的则是支持作用（而非指导作用）。

根据这些研究者的研究成果，我们提出了一个教学框架，这个框架构建了学习者的认知技能和元认知技能，尤其借鉴了维果斯基对学习者的社会性质的研究。我们提出了教学一个阶段框架图表，用来帮助学生增加知识，加深理解（见示例1.1）。这些教学阶段——重点内容，指导性教学，合作学习，独立学习——都受"确立学习目的"的

示例1.1　逐步放开责任教学法框架

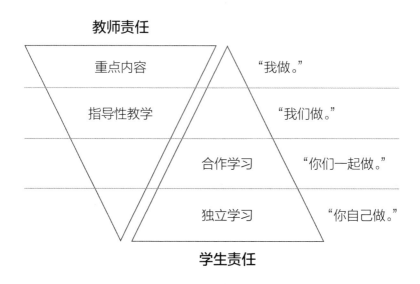

来源：*From Better Learning Through Structured Teaching*（p. 4），by D. Fisher and N. Frey，2008，Alexandria，VA: ASCD. Copyright 2008 by ASCD.

原则影响。需要特别指出的是，如果课堂教学目的不一样，这个框架内各教学阶段的顺序也不一样。

用目的指出重点内容

当教师向学生讲解和展示新的概念和技能时，学习目的就已经明确了。当幼儿园教师米茨·莱文森说："今天我们要学习三角形和正方形的区别，我们一起给他们分类。"实际上，她已经给学生明确了学习目的。"过一会儿你们需要解释一下怎么确定图形形状。"她是这样示范的：拿起一个图形，把它举起来："现在我看着这个图形，我认为它是什么图形呢？"她说，"第一件事，我要数数它有几个边：一个，两个，三个。我知道只有一个图形有三个边，那就是三角形。我要把它放到盒子里，看看它与盒子里的图形是否匹配。"她一边说着，一边把图形放到标有三角形的盒子里。"是的，正好匹配。所以我认为，应当把它放在这个盒子里。"

通过一开始就明确学习目的，莱文森老师吸引了学生的注意力，要学生们学习图形，然后她进一步解释了图形的概念。她自言自语，就是在跟学生分享自己的决定。重点内容为进一步讲解图形奠定了坚实的基础。

重点内容阐述的时间很简短（只有5～15分钟），因此莱文森老师知道她需要清楚学生是否理解了她教的知识，而她将在指导性教学阶段找到答案。

用目的检验指导性教学

教师可以在指导性教学阶段了解到学生对最初的讲解理解了多少，是否有误解，或是否只是部分理解。教师可以检查学生是否理解了课程内容，提出问题，让学生运用背景知识，或者思考课程内容，还可以提供线索，让学生转而关注源信息。如果这些努力都失败了，教师就只能重新回到上一个认知阶段：再次直接讲解或者示范。

在这个阶段，确定明确的目的非常必要，因为教师需要明确应该对学生进行哪方面的评估。缺少学习目的，学生就会陷入到对教师的低水平顺从和简单地完成作业的模式中。如果莱文森老师头脑中没有确定一个明确的学习目的，那么她对学生的评估就是机械的外部行为模式，只关注对错。幸运的是，由于给学生明确了学习目的，她对像约瑟夫这样的学生的评估就显得非常科学。当约瑟夫给图片分类时，莱文森老师就坐在他身边。她看到约瑟夫分错了图形，就问道："约瑟夫，你能告诉我三角形和正方形的区别吗？"当约瑟夫正确地回答说这两个图形的边的数量不一样时，莱文森老师说："给我看看哪个图形是三角形，哪个图形是正方形。"当约瑟夫数图形边的数量时，莱文森老师注意到他不太会数，他常常重复数同一个边。"我一直在看你数数，现在我知道你哪里弄错了，"她说，"让我教给你另一种数数的方法。"她把一个图形放到桌子上，告诉约瑟夫她不会移动这个图形，然后把一个手指放在图形的第一个边上。"当我数到这个边时，我就停下来。现在你试试。"在这个案例中，莱文森老师明确了学生的学习目的，这样她发现，学生清楚图形的概念，但缺乏数数的技巧。

用目的引导合作学习

根据维果斯基的理论，所有的学习都具有社交性质。我们坚信合作学习能够强化理解，提高学习技能。随着学生对所学话题的理解越来越深入，他们需要和同学交流，明确和巩固所学的知识。在有些情况下，这种合作式的交流也会揭示出他们并没有理解有些知识。有机会犯错，有时间改正，有人帮助改正，会加深对所学知识的理解——这被称为"有价值的失败"。

在纯粹的学习过程中，学习目的起着重要作用，因为学生知道自己应当学些什么。让我们再回到莱文森老师的班级。这次她又明确了一个学习目的，并且要学生分成小组，给一大堆图形分类。"记住，这次你们要告诉你的小伙伴，你为什么认为这个图形是三角形或者正方形。"学生们一边把图形放进大塑料桶里，一边用数学运算知识相互交流。每个课桌上都有张图表，上面写着："我知道这是一个_____，因为_____。"莱文森老师穿梭在每个小组之间，当学生们遇到一些无法解决的问题时，她便现场提供指导。

用目的引导独立学习

随着学生掌握的知识越来越多，他们会想对自己的学习承担更多的认知责任。课堂上的独立学习一般是阅读和写作；课外的独立学习则叫作家庭作业。我们相信，有关家庭作业是否有用的辩论忽视了一个明显的问题：在指导性教学阶段就布置家庭作业有些为时过早了。请看莱文森老师给年龄较小的学生确定的学习目的：学习三角形和正方形的区别。对年龄较小的学生来说，这是一个无法在一堂课里完全掌握的概念。学生需要很多图形反复练习，才能理解这个概念。莱文森老师将学生在课堂上学到的知识拓展到课外，以便学生巩固所学内容。她告诉她的学生："我要求你们今天晚上回家后，在家里找一个和三角形或正方形类似的东西。现在选一个纸图形帮助你找到与这个图形类似的物体。你可以把你找到的这个物体画下来，也可以写下它的名字。明天你们都要告诉我找到了什么图形，然后我们一起给它们分类。"

莱文森老师也会让她的学生在班上独立学习。选择了纸图形后，她要求学生们在教室里找一个类似的物体。约瑟夫找到了一个与他的正方形相似的图画书，科瑞恩找到了一个与她的三角形类似的积木。莱文森女士与每个学生进行了简单的对话，确定学生理解了图形的概念，明天他们将继续学习。接下来我们讨论几个更加抽象的问题。

⚙ 衡量目的表述的标准

示例1.2可用于评估已明确的学习目的，发现的优势和不足。需要提醒一下，用这个标准去评估教师的业绩可能不太合适，甚至会伤害教师的感情，引起矛盾。我们建议用此标准作为需求评估，之后再同教师进行一次交流，讨论此标准的合理性。如果教师和管理者均认为此标准合理，再进行业绩评估的交流。如果大家对标准的合理性不认可，即使以后会逐步认可，那么进行业绩评估的交流也会让教师不停地为自己辩护，甚至引起指责。我们强烈建议，先花些时间与教师讨论标准是否合理，达成一致意见，然后再进行业绩评估交流。

我们相信此标准的所有指标都需要认真考虑，每一个指标都有详细说明。我们确实希望教学效果一直保持在第"4"阶段，但这不是事实；尽管我们每次都将目标定在"4"阶段，有时候却实现不了这个目标。这个评估标准帮助我们反思教学，确定我们的优势和不足。例如，南希知道，她的长项是将课文内容与一个较大的主题、难题、项目或问题联系在一起。当其他老师在这方面需要帮助时，会经常寻求她的指导。道格特别擅长制定每一课的内容和语言要求，他喜欢思考语言要素，并擅长教学生如何快速掌握课文内容。因此，老师们经常向他请教课程的语言要求和目的表述中的词汇。

⚙ 结论

示例1.2评估标准中的各个指标都在后面的章节中有所描述和定义。虽然阐述顺序与评估标准中一致，但并不意味着你必须按照某个顺序去阅读。例如，如果你想了解与学习目的有关的意义，请直接到第6章寻找这方面的信息。如果你想知道让学生用自己的话解释目的表述的重要性，为什么目的表述必须与学生相关，请直接跳到第3章和第4章。我们希望你能够读完整本书，因为书中阐释了创建学习目的的两个方面——教与学，这是我们最新的研究成果。正如作家克莱门特·斯通所言："明确的目的是一切成功的起点。"

示例1.2 成功的指标—创建学习目标

指　标	第1层次—最低值	第2层次—接近目标	第3层次—达到目标	第4层次—成功典范
学习目的以学生学习为中心，而不是以活动、作业任务为中心，或是任务为中心。	学习目的没有将课堂内容与任务、主题、难题，项目或问题相联系，而是设置了孤立的活动任务和任务。	目的表述中含有将课堂活动、作业或者任务与主题、作业、项目或问题有一点联系，但是基本属于重复性工作。	目的表述与主题、难题、项目或问题有关，但课堂内容大多由孤立的活动、作业或者任务所构成，而不是让学生彻底理解。	学习目的要求学生具有批判性和创造性思维，解决问题，应用技能和评估学习过程。课堂内容与特定主题、难题，项目或问题密切相关。
学习目的既包括学习内容陈述又包括语言陈述。	目的表述并不适合年级水平或课程内容。陈述语言模糊，没有明确的告诉学生教师的期待，以及应该学习什么。	目的没有明确的学习内容和语言陈述。学习目的适合年级水平或课程内容，但过于宽泛，需要几节课才能完成。	目的有明确的学习内容和语言陈述，也适合年级水平或课程内容，但内容过于宽泛，需要几节课才能完成。	目的有明确的学习内容，适合课程水平或者年级水平或课程内容，并且能够恰当天完成。
学生明白学习目的涵义。	随机选取的学生所给出的陈述强调是服从，而不是对主题、难题、项目或问题相联系。学生不能在课外应用所学内容。	随机选取的学生能够复述老师选取学习目的含义，但不理解所学习的主题、难题、项目或问题的联系。学生不确定所学内容在课外的用处。	随机选取的学生能够复述老师讲述的学习目的，并能够讲清楚学习目的如何与特定主题、难题、项目或问题的联系，学生在课外能够运用一部分所学内容。	随机选取的学生能够解释学习目的，并能够与特定主题、难题、项目或问题的联系，学生或特定学习目的或者道如何获取，创建和分享相关信息。

指　标	第1层次——最低值	第2层次——接近目标	第3层次——达到目标	第4层次——成功典范
学生能够用自己的话语解释学习目的。	随机选取的学生不能够正确陈述课堂学习目的。	随机选取的学生能够正确复述一部分课堂学习目的，但用的是老师的话，而不是自己的话。	随机选取的学生能够正确复述所有课堂学习目的，但用的是老师的话。	随机选取的学生能够用自己的话解释或者展示自己正在学习什么，应该学习什么。
教师设定与学习目的相一致的有意义的学习经历和结果。	学习目的是教师对学生的单向指导，基本没有师生互动或对内容的思考。学生除了知道是否正确完成任务外，没有收到老师任何反馈。	学习目的要求一些互动，但大多为对课文的重复。学生认为对任务有没有意义，只关注任务。	学习目的的要求师生互动，思考内容，学生间互动，但仍然由教师而不是学生归纳学习内容的意义。学生收到的反馈大多关注学习任务，只有部分涉及到学习过程。	学习目的要求学生任与老师互动、思考内容和他人的互动的过程中积极构建学习意义。学生能够收到有关任务完成结果、完成过程、自我管理和个人特性的反馈。
教师能够判断学生何时实现了学习目的。	对学生作业打分，但没有指导性说明。强调的是作业完成情况，而不是通过检查学生的学习成绩来设计下一节课的教学。	教师只是在课程结束时检查学生的学习情况。教师能够解释如何根据今天的学习成绩准备下一节课的教学。	教师能够解释自己如何在课上或者课后检查学生的学习情况，并能够根据学生的学习成绩，准备下一节课的教学指导。	教师有一套系统，能够在课上或者课后检查学生的学习以及此信息调整本节课的教学，之后几节课的教学。教师能够模式化让教师对学生的误解或完全理解迅速做出反应。

029

The Purposeful Classroom

第2章

如何打造学习目的

FOCUSING ON LEARNING TARGETS,
NOT TASKS

有效的目的设置类似戏剧表演，开演之前要先进行策划和排练。虽然观众对演出之前的事不太关注，但是演员、音乐家和舞台工作人员都清楚，台上的精彩演出依赖于正式开演之前几周的工作。同样，要经过多次幕后准备才能设置出有效的学习目的。

⚙ 着眼整体性

正如我们在前面的章节中谈到的，要避免建立过于具体详细的目标，因为这样会使学习者忽视"大画面"。一部戏的整体性要比一系列单独的场景重要，教学也是如此。过于频繁地设置目标，学生就看不到他们周二学到的知识和周五学到的有什么联系。一个完善的目标在链接这些知识的同时，也让一天的学习富有意义，丰富有趣。

教学活动、布置作业、安排任务是为了让学生能够理解并实际应用学习到的知识。这一过程并不只是在新教师身上体现。我们都记得，处理教学任务时，总有一段固定的时期，我们会布置很多活动。不久我们就会（在导师的帮助下）意识到，教学不仅仅是用任务填满学生的时间。同样，我们也不希望学生把学习当成必须完成的没完没了的任务。其实，只要学生说"我们学习这个就是为了考试吗？"，就是一个提醒，至少对那名学生来讲，我们没有确立有效的学习目的。

目的表述不能只靠任务分配。"今天的学习目的是解决第98页上的奇数题。"说实话，这是一个糟糕的表述。"今天的学习目的是了解最小的公分母，以及如何使用它们来解决问题。你们将用到第98页上的奇数题。"这样的陈述要好一些。第一条表述使学生觉得第98页的内容就是繁忙的工作，第二条表述鼓励学生学习第98页的内容，并作为解决问题的一种资源。有相当多的人认为，教科书存在使用不当的问题，我们认为这种批评有道理。如果学习目的只是让学生苦读书，那么这就是糟糕的教学。这个问题不在于教科书本身，而在于用何种方式充分利用教科书。"阅读第4章，然后回答课后的问题"，使用这种表述的是DIY学校，而不是"教学"的学校。一个精心设计的目的表述，必须能说明为什么以及如何利用教学活动、任务和作业顺利推进教学计划。

明确学习目的，对于开发必要的创造性和批判性思维的元认知意识至关重要。只强调任务的目的表述限制了学生的思考能力，而强调学习本身的目的表述，则能够为学生提供思考新知识的机会。后一种目的表述可以让教师在学生完成任务之后立刻回到学习目的上，通过提问了解到学生学到了什么，有什么困难。这样，目的表述就成了鼓励思考和加深理解的试金石。

经过一段时间的实践，学生不断反思学习目的，能够培养批判性和创造性思维技能，这是公民受过良好教育的标志。"美国各州共同核心课程标准"力图通过大学教育和就业教育，培养"为未来做好充分准备"的学生。我们希望学生可以灵活运用他们所学到的知识，而不是简单地照搬照套。要做到这一点，学生需要在课堂上进行大量批判性和创造性思维的训练。不要期望学生离开高中后就能够在某种程度上做到这些，因为这是不现实的。事实上，儿童在很小的时候就具有批判性和创造性思维，但在教室里可能没有太多的机会运用，因为课程大纲过多强调培养基本技能。芬尼莫尔（Fennimore）和廷茨曼（Tinzmann）（1990）明确了能促进批判性和创造性思维课程的特点如下：

◆ 学习的广度促进学习的深度。

◆ 学习内容和学习过程应根据真实的任务进行情景设计和整合。

◆ 学习任务应循序渐进，体现不断提高的认知和元认知的水平。

◆ 课程设置应与学习者的背景知识和经验相联系。

学生通过创造性和批判性的过程来获取信息、运用技能、解决问题，并评估整个过程。这些行为表明，学生对所学知识的内容和过程有了更深入的理解。我们有点怀疑"高阶"和"低阶"思维能力的分类，因为这样分会错误地认为，有些思维能力比其他的思维能力更有价值。事实上，每一种思维类型都代表某种认知的维度，每一种思维类型都基于这样的理念：你需要理解一个东西"是什么"，然后才能认识到"为什么"。

我们设计了一个流程图，说明目的表述"幕后"规划的必要元素（见示例2.1）。这些元素可以用于创建有效的表述，来推进指导、学习和评估。课程大纲是围绕以标准为基础的相关主题、难题、项目或问题设置的，目的是促进创造性和批判性的思维方式，而目的规划则从课程大纲设置开始。

⚙ 开发一个基于标准的主题、项目、难题或问题

年级学习水平或学习内容标准一直被用作制定每一单元教学指导的首要参照点。20世纪90年代初以来问世的学习内容标准，大体设定了课程在认知方面的界限。许多地区和学校在对这些内容标准细致分析的基础上，制定了学习单元，并且为组织课程和计划教学指导提供很好的资源。随着共同核心标准的迅速普及，内容标准似乎再次受到关注。我们希望通过广泛分享理念和资源，使指导单元及配套的课程材料得到快速发展。

许多教师根据内容来组织他们的课程，其过程背后的理念是：统一信息，并以此来建立课程模式并强调话题和学科之间的关系。初中和高中往往寻求跨学科的整合单元，例如，英语教师可以与世界史教师组队开发一个整合单元，内容以（第二次世界大战期间纳粹对犹太人的）大屠杀的历史和相关文学为中心。这样整合单元，鼓励学生运

示例2.1　学习目的规划过程

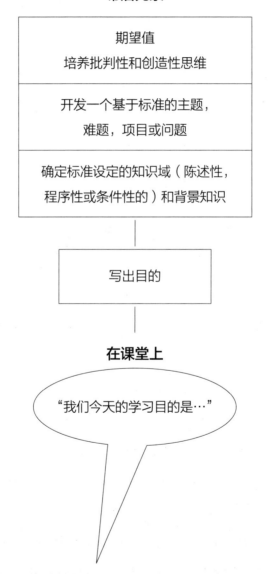

用自己所学到的历史事件来研究那个时代的文学表达。跨学科方法深受教师的欢迎，因为他们认识到，必要的背景知识有助于实现更深层次的理解，而这些可以通过跨学科共同构建实现。此外，教师经常说，在跨学科整合单元中，他们应该花更多的时间来研究那些需要评价性和创造性的问题，这样学生可以学习更多的内容。

以主题为中心的教学指导仍然是一些小学课堂的教学特色。南希清楚地记得她第一年教学时的情景，她为1年级学生组织整合单元教学，主题围绕某些简单话题，比如苹果。然而，她很快发觉这种方法不尽如人意，因为她意识到，学生实际上并没有学习过关于苹果的知识。（而且她也不能确定他们是否需要学习关于苹果的知识。）幸运的是，比她经验丰富的同事向她介绍了一些既值得关注而又有活力的主题。不久之后，她的学生便能围绕一些主题，如"探险家"来组织自己的思考：他们研究了科学领域的探险家，如宇航员梅·莱米森，以及社会学领域的探险家，如列夫·埃里克森；他们把自己变成数学探险家，用代数思维深入研究复杂的词语问题；他们研究了社区地图，以确定哪些地方适合带狗狗去探索；她的学生成了词汇探险家，兴高采烈地把"大词"加入到他们的个人词典。虽然以主题为中心的规划很简单，但一个活泼的主题也会让一个经验尚浅的教师意识到，即使学生的年龄很小，思考也能达到一定的深度。

问题和项目也可以作为单元设计的催化剂。同样，首先要考虑项目内容是否足够丰富，以保证教学效果。如果单元设计仅仅是为了推进项目的完成，那么它对学习过程就没有多大帮助。例如，一个撰写研究论文的单元，除了能成功地完成论文的写作外，并没有太大意义。然而，如果研究论文是项目的主要成果之一，比如元素周期表的形成这一学习项目要求提交一篇研究论文，那么这个研究论文就富有意义。此类论文的主题可能是：找出最新添加到周期表的元素信息（谁发现了这个元素，是如何发现的），探索元素命名的争议，或研究"大型强子对撞器"对新发现元素的预期影响。通过这些主题的"镜头"，研究论文成为了学习元素周期表的一个必要步骤，而不是主要原因。

在我们高中，全校会选一些基本的问题供师生讨论，以此来鼓励知识探究和跨学科合作学习。每年春天，学校从教师和学生中收集问题，并由整个学校投票选出他们最喜欢的问题。排名靠前的问题将在下一个学年得到采用。以下是从最近的一个学年中选取的基本问题：

◆ 什么是美？什么是美丽的？

◆ 谁是你心中的英雄和榜样？

◆ 什么值得你去奋斗、甚至是不惜生命地去奋斗？

在第一学期，12年级英语专业的学生读了一些书，如霍桑的《胎记》，9年级学生探讨了代数里黄金比例的问题，10年级学生研究了生物学中有机体的对称和非对称发展。重要的是，内容是由课程标准决定，而不是由那些基本问题决定的，然而，这些问题能够让教师以不同的方式组织他们的课程，促进跨学科设计，最重要的是，随着学生加深理解，这些问题也显示了有关知识的相关性。

⚙ 确定标准内的知识域和背景知识

在这个步骤，你就要开始创建一个明确的目标了。你已查阅过年级水平，或者已经以内容为标准来确定学生学习的广度和深度。你知道你想要学生知道什么、能做什么，你已开始反向设计，来确定学生每一天的学习。主题、项目、难题或问题将以内容为中心的标准组织成有意义的学习单元，而你会基于主题、项目、难题或问题来组织日常学习。但是，简单地提出主题或问题不能保证学生在高水平上学习。作为教师，我们要确定学生已经知道了什么，以及他们还需要学习什么。可以使用背景知识评估法来了解学生已有的知识。他们需要学习的知识可以分为三种：陈述性知识，程序性知识和条件性知识。

评估背景知识

为了评估背景知识，教师必须要决定哪些是核心背景知识，（相对偶然性知识而言），这对学生理解即将学习的新信息非常必要。教师可以通过下列问题来区别核心背景知识和偶然性知识，在今后的教学中制定具体的标准，用于相互参照，这个步骤十分有用：

1. **代表性**：信息是否为理解主要概念的基础或者关键（核心知

识），或者信息虽然有趣，但属外围信息？（偶然知识）

2. 传输性：信息是否需要多次接触或经验？（核心知识）是否可以很容易地用标签、事实、或者细节解释或者定义？（偶然知识）

3. 可传递性：信息是否用来理解以后出现的概念？（核心知识）是否只特定于某个话题、不太可能在以后用到？（偶然知识）

4. 持久性：信息是否能在细节被忘记后仍能够被记住？（核心知识）或者不太容易被记起？（偶然知识）

上述问题表明，并不是所有的背景知识都是同等关联的。举例来说，一个学生根据他在中学科学课上有关电路方面的知识，一直在谈论电路的工作原理，却发现这节课要读的书 *The Circuit* 却描述的是一家农民移民的故事（*The Circuit* 书名的字面意义为"电路"，但本书的涵义是"移民之路"）。这个学生可能具有广泛的背景知识，但这些背景知识和将要学习的内容无关。

以下是几个比较简单的评估背景知识的方法，并以罗马帝国这一学习单元为例，对每个评估工具举例说明。

🔊 **完形填空评估**　完形填空是一种评估工具，用来评估学生对所选段落删除某些单词后的理解力和阅读力。学生根据上下文提示，插入合适的词，完成句子。这种非正式的、有标准参照的评价对教师来说非常有用，理由如下：首先，非常灵活。教师可以同时评估几组学生或单独评估某个学生。其次，通过评估所收集的信息，可以为学生选择具有一定挑战性、但难度不高的阅读材料。第三，教师能够判断哪些学生有足够背景知识理解课文。教师可以使用完形填空判断课文是否符合学生的阅读水平，步骤如下：

1. 从本单元要学习的一篇文章中，选择250-300字的段落，作为学习内容。

2. 如果选择的段落字数达到上限，但句子未完，就要把整个句子都包括在完形填空段落内，以避免句子中断，让学生困惑。

3. 在段落开始第25个字左右，每隔四个单词删除一个，并在其位置插入一条横线。

4. 删除单词后的段落应包括大约50条横线。

5. 在不限定时间的情况下，要求学生填入删除的词。

6. 每填对一个空得2分，不考虑拼写错误。

7. 评估的评价分数如下：58～100分表示学生具有独立阅读水平，44～57分表明学生阅读水平需要指导，少于44分表示阅读水平受限。

结果出来后，你在开始教学时就会对课文有一个总体思路。通过研究学生所犯错误的类型，你可以分析学生对该文章的理解水平。虽然许多教育工作者建议必须填入与原文完全相符的词，但我们认为，只要词性恰当，并不改变课文原意，答案都应算作正确。评估和指导之间有机结合的关键是看学生的表现，而不是看分数。

在背景知识方面，完形填空过程使教师知道可以为学生提供什么类型的词。当然，学生对空白处有着不同的理解，如果学生能提供一个恰当的词，那么该学生很可能具有相关的背景知识。

示例2.2中包含一个完形填空例子，选自与罗马帝国相关的阅读材料。

🔊 **归纳标题** 要求学生写出插图或照片的标题或描述，可以让教

示例2.2 完形填空评估示例

People lived in Italy long before the rise of the Roman Empire. According to legend, Rome <u>was</u> established by twin brothers <u>named</u> Romulus and Remus, who were raised by wolves. People <u>from</u> other regions began settling <u>and</u> trading around 750 BCE, <u>including</u> Etruscans from northern Italy <u>and</u> Greek traders. The Etruscans <u>turned</u> Rome from a village to a city by building <u>roads</u> and temples. They were <u>cruel</u> and were overthrown. The <u>people</u> of Rome established a <u>republic</u>.

The Greek traders shared <u>their</u> art, culture, and ideas <u>with</u> Romans. The Greeks were <u>famous</u> for their beautiful architecture <u>and</u> art, and the Romans <u>admired</u> it. They also worshiped <u>many</u> gods and goddesses. They <u>told</u> elaborate stories of their <u>gods'</u> adventures. We call these <u>stories</u> myths.

People in the <u>ancient</u> world lived short and <u>harsh</u> lives. The work was <u>hard</u> and disease claimed many. <u>People</u> began their adult lives <u>when</u> they were still teenagers. <u>As</u> with other societies, women <u>and</u> the poor had few <u>rights</u>. Many societies needed enslaved <u>people</u> captured from wars to <u>do</u> the work and building.

师很好地了解学生的相关背景知识。如果学生能用合适的词汇描述所看到的图像，他们可能已经知道了相关的概念。例如，在罗马帝国这一单元，老师可将帕台农神庙及与该帝国相关的其他几张图片投射到墙上，然后要求学生用10分钟左右的时间来描述他们看到的图片。

下面是一个学生写作的例子，通过阅读学生的这篇叙述，老师可以记录下学生的背景知识，并在整个课程中参考。

> 我曾经去过希腊，所以我知道这个建筑。我不记得它的名字，但它是一座为雅典娜女神建的神庙，她应该是一位希腊的女神。人们在这里埋葬逝者，也进行庆祝活动。这里曾经有很多各式各样的建筑，但现在大多倒塌了。

🔊 **单词分类**　另一种确定学生所学知识的方法，就是让他们进行单词分类。分类可以是封闭式的（由老师提供类别），或开放式的（由学生开发自己的分类方式）。同样，此任务要求学生利用他们的词汇知识，这些词汇知识代表了他们的背景知识。通过单词分类，教师可以快速分析出学生是否理解了课文。

示例2.3列出了有关罗马帝国这一单元的单词分类。当学生希瑟把"民主"归于"所有社会"类别下时，她的老师就知道学生需要什么样的指导。同样，当布里安纳把"城邦"归于"波斯"类别下时，她的

示例2.3　单词分类示例

注意：这项活动可以用一个白板、黑板或讲义进行。学生根据以下分类对单词进行分类：希腊，埃及，波斯和所有的社会。

集市	出口	城邦	财富
民主	地中海	雅典卫城	居鲁士大帝
建筑	奴隶	国王	法老
战争	穷人和富人		

老师会推测她还不理解这些概念。如果奥妮莎把"法老"归于"埃及"类别下，她的老师就知道奥妮莎对埃及文明有了一些了解。

🔊 **观点调查问卷** 观点调查问卷是一种工具，可以借一个话题引出受调查人对某个话题的态度。了解学生的态度对评估其背景知识很重要。观点调查问卷通过鼓励学生思考和评估作者的重要主题和作品中人物的思想，帮助他们将文学与人生联系在一起，从而帮助学生全面掌握诠释策略。观点调查问卷形式多样，但其观点必须具有争议性。大多数观点调查不允许中立的回答，而是问被调查者是否同意其中一个说法。我们也应该为学生留出为其观点进行辩论的空间。有关罗马帝国的问卷，见示例2.4。分析学生对调查问卷的回答，可以了解学生对背景知识掌握的程度。

示例2.4 观点调查问卷

课前		课后
为什么 1　2　3　4	罗马文明是古代世界最伟大的文明	为什么 1　2　3　4
为什么 1　2　3　4	在古代世界，穷人的日子很艰难	为什么 1　2　3　4
为什么 1　2　3　4	在古代世界，作为一个女人是不容易的	为什么 1　2　3　4
为什么 1　2　3　4	如果没有希腊人，罗马文明不会如此强盛	为什么 1　2　3　4

注：
1：强烈反对　　　2：反对　　　3：同意　　　4：非常同意

确定知识域

除了确定学生已有的知识，教师还必须知道学生仍需学习的知识。正如我们前面提到的，至少有三种类型的知识还需要学生学习：陈述性，程序性和条件性知识。我们将以"私人教练"为例解释这些知识类型。（是的，我们常常就放弃了自己坚持，最后找了一位私人教练。）

陈述性知识是指关于"是什么"的学习，即内容。我们的教练有很丰富的陈述性知识，他知道不同肌肉锻炼方式也不同，可以从哪些迹象看出疲劳，健身器械的作用等等。程序性知识是关于"如何做"的学习，即，完成一项任务所需的规则，过程或程序的知识。我们的教练了解举重安全规则，并知道如何制定推拉平衡的训练计划。条件性知识是关于"何时"、"何地"和"为什么"的学习，换句话说，它涉及具体知识应用的语境和环境。教练知道同一份锻炼计划不可能对两人都有效，需要根据我们各自的优势、目标及需求，制定训练计划。例如，当碰到道格出现轻微的背部疼痛时，教练需要现场调整训练计划。

重要的是，我们的教练不仅需要具备一个领域的知识，而是必须同时具备三个领域的知识。了解肌肉的名称并知道肌肉的功能固然重要，但是调整锻炼计划也同样重要。一种类型的知识并不优于另外一种类型的知识。作为教师，我们的任务是确定学生需要哪些领域的知识，并设计拓展这些知识的课程。

回到罗马帝国这一单元，教师可能会确定以下几个方面作为学生学习的重点。

◆ **陈述性知识**：帝国的地理位置及地域特色，不同阶层的人在帝国享有的不同权利，罗马公民宗教信仰之间的差异，入侵帝国的各个民族。

◆ **程序性知识**：罗马帝国的大事年表，对外征服的必要性，布鲁图斯杀死凯撒大帝的理由。

◆ **条件性知识**：城邦如何运作，罗马没落的背景，罗马统治者与当下统治者的作用对比。

一旦教师完成对学生背景知识的评估，并确定了学生所需的各类知识，就应考虑确保学生顺利学习的各种目标。请记住，学习目标可以为教师提供指导，如学生掌握内容所需要的时间，以及如何评估学生对知识的掌握程度。长期目标与短期目标不同。长期目标可能需要数天或数周来完成，而短期目标则需要学生当天完成。

⚙ 制定目标

著名的目标制定体系是"布卢姆认知分类法"。布卢姆的原始分类法包括六大类：识记，理解，应用，分析，综合和评价。因为这些都是大多数教师常见的知识，所以我们不在这里赘述。每个类别都可能使用一些不同的术语制定目标。示例2.5列出了"布卢姆认知分类法"每一类的术语及其使用的简单提示，此提示由奥克森韩德勒女士提供。

示例2.5　布卢姆认知分类法

分类层次	关键词	奥克森韩德勒女士的提示
识记 回忆数据或信息。	定义，描述，识别，了解，标注，列表，匹配，指称，总结，回忆，识别，挑选，陈述	在哪里…… 这是什么…… 是谁…… 是什么时候…… 有多少…… 在故事中找出…… 指向……
理解 理解教学指导和教学设计问题的意义，理解课文翻译，改写和解释。	理解，转换，辩护，区别，估计，解释，延伸，概括，举例，推断，诠释，释义，预测，重写，总结，转化	用你自己的话告诉我…… 这是什么意思…… 给我举个例子…… 描述……是什么 用故事中的例子说明…… 制作……的地图 故事的主要思想是什么……
应用 在新的情景下或自发的使用一个抽象概念。	适用，变化，计算，结构，所示，发现，操纵，修改，经营，预测，准备，生产，涉及，显示，解决，使用	你如果……会发生什么事情 如果你会做的一样…… 如果你在那里 你会…… 你将如何解决这个问题…… 在图书馆，找到有关……的信息
分析 将材料或者概念分解，组成要素，以便理解其组织结构。	分析，分解，比较，对比，图解表示，解构，分化，辨别，确定，说明，推断，大纲，涉及，选择，分离	你会运用哪些方法…… 有什么其他的方法…… 有哪些是相同/不同的? 这个故事哪部分是最令人兴奋的? 什么事情不可能发生在现实生活中呢? 什么样的人…… 是什么原因造成了他/她的_____ 行为?

续表

分类层次	关键词	奥克森韩德勒女士的提示
综合 用不同的元素建立一个构架或模式。把各部分组合在一起，形成一个整体，着重创建新的含义或构架。	分类，结合，编译，组成，创建，设计，设计解释说，产生，修改，组织，计划，重新排列，重建，涉及整理，修改，重写，总结，告诉，写作	它会是这样，如果有什么……是什么样的生活…… 设计一个…… 假装你是一个…… 会发生什么…… 为什么/为什么不呢？ 使用你的想象力，画一幅画…… 添加自己的一个新项目…… 推荐/写一个不同的结局……
评估 对观点或学习材料的价值做出评估。	评价，比较，总结，对比，批评，评论，辩护，介绍，歧视，评估，解释，解读，理由，关联，总结，支持	你会推荐这本书吗？为什么推荐或为什么不推荐？ 选择最好的……为什么它是最好的？ 你为什么会那样认为呢？ 这个故事真的会发生吗？ 故事中哪一个人是你最想见？ _____是好还是坏？为什么？ 你喜欢这个故事吗？为什么？

安德森和他的同事更新了布卢姆认知分类法，旨在反映教学方法和21世纪技能的变化。更新版将六大类重新改写，分别为记忆，理解，应用，分析，评估和创造。修订后的分类将"创造"类（即原来的"综合"类）置于"评估"类之前。这些是进行课程学习目标和单元学习目标分类最常用的术语。

再回到罗马帝国这一单元，该单元共六周授课时间，教师可以制定以下教学目标：

◆ 第二周课程结束时，在地图测验中，学生能识别罗马帝国的地理位置及地理特征。

◆ 第三周，学生能够利用计算机软件绘制一个直观的罗马帝国大事年表。

◆ 第四周，学生在课堂上就"通过对外征服保持罗马帝国的地位"这个主题，进行辩论，并为自己的立场辩护。

◆ 第五周，学生将以第一人称描述日常生活中罗马帝国各类公民（如男人，女人，基督徒，奴隶等）享有的各种权利。

◆ 第六周结束时，学生将在模拟审判中为杀害凯撒的布鲁特斯进行辩护，讨论罗马帝国的民族主义和个人自由主义的作用。

◆ 第六周结束时，学生将写一篇文章，探讨涉及到罗马帝国历史遗产的某个问题。（例如，为什么城邦能运行？为什么罗马会衰败？在当代环境下罗马是否会衰败？罗马统治者的作用与现实有哪些不同？罗马帝国至今还在影响我们吗？）

上述目标需要一系列的教学活动，以促进学生的学习。老师要讲解地理知识，给学生朗读各种材料（包括教科书），演示如何辩论，组织学生分组参与类似模拟审判这种创造性的活动，分配独立的学习任务（如制做一个帝国大事年表），检查学生对内容的理解，必要时进行补充讲解。每一个教学活动都是根据教师对目标的理解来设计的，换句话说，根据目标构建学生需要学习的知识框架，以确保学生理解本单元主题："罗马帝国：从古代到今天。"

我们多次指出，学习目标主要帮助的是教师而不是学生。只是把一个标准要求贴在墙上六个星期，没有太大的用处。学生需要的是具体任务的目的。讲授罗马帝国单元的教师可以为上述第二周的目标设计出如下目的表述，使用几天。

◆ 在地图上确定罗马帝国的位置及其疆域。

◆ 描述公元117年左右帝国的地形和地理特征。

◆ 至少理解三种地理特征对罗马文明的影响。

◆ 理解罗马帝国随着时间的推移、通过征战而产生的疆界变化。

这些教学内容的目的表述有助于老师专注于目标教学，有助于学生知道需要学习的内容。它们让学生掌握学习目标，并最终达到课程标准。而且，每一条目的表述都明确了学生的任务和学习内容，并指出了急需解决的问题和学习重点。是"学习目的"在推动我们的日常教学工作，向学生强调学习重点，并且让学生了解我们的期待。

慎用"理解"

当我们初次学习制定学习目标时，就被告知绝对不要使用"理解"这个词，因为这是无法测量的。事实上，老师告诉道格，如果用"理解"

这个词来评估学习，他是得不到学分的。我们尽职尽责地写了一份又一份的教案，小心翼翼地避开"理解"这个词。相反，我们使用了如"识别"，"描述"或"解释"这样的词。当我们看到同事在使用"理解"这个禁忌词时，还暗自偷笑。然后，我们忽然意识到，目标中不能使用"理解"这个词，但目的表述中可以使用。认识到这一点让我们都感到莫大的欣慰，因为学生真正理解了"理解"这个词的涵义。他们知道老师要求他们用各种不同的方式来展示自己是否真的理解，而这通常是通过成果陈述或学习任务来展示的。当然，这并不是说，"理解"是目的表述里唯一可以使用的动词，其它动词同样适用。在沟通时完全可以使用"理解"这个词，但在编写学习目标时要避免。

⚙ 结论

在本章开头，我们用戏剧演出打比方，来说明制定学习目的表述之前应进行"幕后策划"。这个比喻不应该被误解为是对"讲坛上的圣人"教学模式的认同。现代教学模式中，在讲授课文重点时，教师确实应该采用直接解释，示范，演示，出声思维等教学方法。然而，对于刚开始承担认知学习责任的学生来说，他们需要大量机会以协作和创造性的方式与老师、学习内容及同学互动，这些互动是目的表述产生效果的关键。

The
Purposeful
Classroom

第**3**章

学习目的中的内容和语言

INCLUDING BOTH CONTENT AND
LANGUAGE COMPONENTS

在第2章中，我们重点讨论了学习目标，以及如何将学习目标区别于教学活动、学生作业和学习任务，同时也指出，课程的主题、项目、难题或问题都必须与学习内容或年级水平标准及期待程度一致。在本章中，我们将根据学习标准、学习内容和学习能力，进一步研究如何确定学习目的。本章将根据学生需要掌握的知识类型——如陈述性、程序性和条件性知识，介绍如何确立学习目的。

确定每门课的学习目的，需要分析已颁布的学习标准，并了解学习标准对语言的要求。每一个目的表述实际由两部分组成：学习内容和语言要求。有时侯，教师会分别陈述；有时侯，会合二为一。例如，代数课老师可能会这样表述某个课程的目标：

> 使用术语，根据一个多项式的第一个因子确定第二个因子。

或者，只是简单地说：

> 今天你们将学习如何根据一个多项式的一个因子确定另一个因子。在确定因子时，我希望你们用术语，而不是普通词汇或俚语。

只要学生理解所学的内容和使用的语言，两种方法都可行。很显然，在上述两个例子中，老师希望学生掌握某个特定技能，同时清楚术语对加深认识内容的重要性。

⚙ 分解课程标准

为了弄清目的表述的内容，教师必须分解课程标准。根据我们的经验，同一年级或者同一课程团队的教师很容易做到，这样，教授同一课程的教师可以共享教学观念。在专业教学团队，分解课程标准的好处很多，理由有三点：首先，众人拾柴火焰高：当一个小组一起分解课程标准时，每位老师的个人工作量都会减轻。其次，跨年级或跨学科教学，在教学过程中可以纵向对比。我们期望学生的学习内容与往年衔接，这样就不会造成学习上的脱节。第三，教师们可以在专业对话时彼此分享他们的教学理念。我们应该向同事借鉴经验，并自己去尝试实践。

有时，专业教学团队分解课程标准也不太成功，老师不得不自己单独完成任务。购买现成的教学计划似乎非常有诱惑力，但我们建议谨慎使用这种策略。分解课程标准使得教师能够深刻理解内容标准，这样制定的目的表述和随后的教学指导才有意义，也更适合学生。

我们已知的分解课程标准的方法之一，就是要专注于学生的学习内容及学习能力。我们列出一个标准，确定一些动词（学生用何种方式展示自己理解了学习内容），还有一些名词（学生需要知道什么）。我们从"全美州长协会"的《各州共同核心标准》中，选择7年级的语言艺术标准来举例说明。

> 将一则故事、一幕戏剧或者一首诗与它们的音频、电影、舞台剧或多媒体版本比较、对比，分析每种媒介形式独特的技术效果（例如，灯光，音响，色彩，或电影中的镜头焦距及拍摄角度等）。

以上课程标准的分解过程使用的动词有"比较"，"对比"和"分析"。相应地，学生应该学习如何进行比较、对比、分析。该标准并不是要求学生讨论印刷版本是否优于其他媒介形式，或者写一份关于各种媒介特点的报告，而是要求学生弄清印刷版本和非印刷版本的异同。重要的是：这里的"比较和对比"要求学生既识别相似性，又识别差异性，而不只是仅仅认识到其中一个方面。此外，标准还要求学生分析每种媒介独特的、具体的技术（例如，在电影中，灯光如何影响观众对某个人物的看法）。

如果我们专注于标准中名词的使用，可参阅一些文本类型（书面故事，戏剧和诗）、媒介（音频、电影、演出、文字和多媒体等文本形式）以及技术（灯光，声音，色彩，聚焦，拍摄角度）。仅这一个标准就包含很多可以讲授的内容。

为了组织分解过程，我们为每个标准创建了包含已经确定的动词和名词（或名词短语）的表格（参见示例3.1）。当我们使用这个过程分解课程标准时，我们列出了各个年级的标准，然后确定学生需要学什么（名词）和怎样学（动词）。这个过程反过来又给我们提供了一些教学要点、学习目标，最终形成了目的表述。

学习步骤指导

一旦完成动词和名词或名词短语的表格，你就可以确定长期目标和短期目标。

对介绍不同媒介的文本教学标准进行粗略的分析，你会发现，学生要掌握这一内容，即使不用几周或几年，也需要几天时间。在这种情况下，教师应制定学习步骤指导，以确保学生按部就班地根据标准学习，逐步积累知识。学习步骤指导需要一定的时间，最好是由教师集体完成，以确保设计尽可能全面。学习步骤指导并不只是一份参考文本，而是教学内容和教学日程的蓝图。但不幸的是，严格地解读学习步骤指导导致了照本宣科，无法满足学生个体的需求。

担忧学习步骤指导也是有根据的，因为其发展和应用广泛多样。

示例 3.1 "美国各州共同核心课程标准" 中的动词和名词

年级/科目	标准（学生将做什么）	动词（学生如何展示自己的理解）	名词（学生应当知道什么）
11～12年级/口语和听力	回答经过深入思考，并涉及多个方面；对某个观点的所有方面的评论，主张、证据进行归纳；尽可能化解矛盾；确定深入调查或完成任务需要的额外信息或研究。	回答 归纳 解决 确定 深入理解 需要 完成	方面 评论 主张 证据 矛盾 信息 研究 调查 任务
10年级/几何	证明所有的圆形都是相似的。	证明	圆形
9～10级/文学阅读	确定课文的主题或中心思想，详细分析主题或中心思想在课文中是如何展开的，包括主题是如何提出的，如何通过具体细节展开和提炼课文；提供课文的客观摘要。	确定 分析 提供 提出 展开 提炼	主题 中心思想 细节 摘要
9～10级/科学素养	在按照课文做试验、进行测量、完成技术任务、关注特殊案例或异常情况时，应严格遵循多步骤程序。	遵循 进行 完成 关注 做	程序 实验 测量 技术任务 特殊案例 异常情况

续表

年级/科目	标准（学生将做什么）	动词（学生如何展示自己的理解）	名词（学生应当知道什么）
8年级/数学	求解系数包括有理数的线性方程组，求解方程需要使用这两种乘法分配率和合并同类项这两种表达式。	求解 包括 需要 使用 合并	线性方程组 有理数 乘法分配律 同类项 表达式
6~8年级/历史与社会科学科学素养	确定一次文献和二次文献的中心思想或信息；对新信息进行准确概括，这些信息与先验知识和先验观点不同。	确定 概括	中心思想 一次文献 二次文献 概况 先验知识 观点
4年级/文学阅读	比较和对比不同的故事的叙述角度，包括第一人称和第三人称叙述的差异。	比较 对比	角度 故事 叙述
2年级/数学	心算数字加减：100~900以内某个数加10或100；100~900以内某个数减10或100。	加 减	数
1年级/写作	写故事：叙述两个以上顺序合理的事件，描写事件细节，使用时间词来体现事件的顺序，并写出结局。	写作 排序 叙述 使用 体现 写出	故事 事件 细节 时间词 结局

许多教育工作者报告说，引进学习步骤指导使他们感到焦虑，这种担忧几乎都是因为学习步骤指导的设计造成的。学习步骤指导在设计时确实应当时时考虑使用者，但是在实际工作中，却往往忽略了现实中存在这样的可能性：对于课程的某些方面，不同的教师和学生花费的时间大不相同，而且这些不同也无法提前预测。

同样，负责制定学习步骤指导的教师，必须将各种内容标准分配到180天连贯的教学日程中，这几乎就是一项无法完成的工程。国内对各州标准的主要批评是：条目太多、内容泛泛、讲授什么和不讲授什么让教师难以取舍。最终，各州只能用测试大纲，将课程内容限定在测试范围内。

学习步骤指导确实有助于教学计划的制定、时间管理和保持学习内容的连贯。此外，学习步骤指导可以为那些不熟悉该教学内容的教师提供具体的教学资源和素材。基于上述内容标准的分析（即比较和对比同一故事的印刷版和非印刷版），我们给出一个学习步骤指导的例子，见示例3.2，这种类型的学习步骤指导并不写明具体教什么，而是按照标准要求，着重于完成哪些目标。它还包括一些关于教学日程、教学材料和教学评估的观点。学习步骤指导是一份指导书，而不是一个脚本，我们鼓励教师用它为起点来设计课程，它为教师提供了日常教学素材和学习目标素材。

最佳的学习步骤指导强调的是课程指导，而不是规定性指导；这些指导关注中心思想，并提供与示范性课程素材的链接。这也是我们

示例3.2 英语7年级学习步骤指导样本

主题，项目，难题或问题：媒体如何影响信息？

内容标准：将一则故事、一幕戏剧或一首诗的文字版同它们的音频版、拍摄版、舞台版或多媒体版进行比较和对比，分析每个媒体的独特技术（如灯光、音响、色彩、镜头聚焦和拍摄角度）。

时间轴：10天教学

目标	教学常规	推荐参考文本和资源	评估
1. 根据课程第二天的指导，学生将确定同一故事两个版本（印刷和非印刷）的相似性。 2. 根据课程第四天的指导，学生们将确定同一故事两个版本（印刷和非印刷）的差异性。 3. 根据课程第六天的指导，学生用技术术语识别出各媒介采用的技术。 4. 根据课程第八天的指导，学生分析某个特定媒介所特有的技术效果，并分析该技术效果在理解叙述文本上产生的影响。 5. 根据课程第十天的指导，学生通过比较和对比每个媒介所采用的两个版本（印刷版和非印刷版）。	1. 教师示范比较同一故事的两个版本的异同。 2. 小组学习主要集中研究两个版本的相似之处。 3. 小组学习主要集中研究两个版本的差异。 4. 独立完成作业：使用两个版本，分别研究相似性和差异性。 5. 寻宝活动：利用互联网资源寻找多媒体的使用技巧。 6. 教师示范比较和对比论文的撰写过程。 7. 学生从电影列表（需经家长同意）中选择影片，对文字版和电影版进行比较和对比。	1. 加拿大教学网站提供的电影（www.filmit.ca）。 2. 马丁·路德·金的"我有一个梦想"的演讲的文字版和视频版（www.americanrhetoric.com/top100speechesall.html）。 3. 罗伯特·弗罗斯特（Robert Frost）的《雪夜林边小驻》音频版和印刷版（Stopping by Woods on a Snowy Evening）。 4. 珍妮特·塔什吉安（Tashjian's）《崔蒂的真实告白》（Tru Confessions）（1997）的打印和视频版本。 5. 兰斯顿·休斯的短篇小说《谢谢你，女生》（Thank You, M'am）（2002）文字版和视频版本。 6. 约翰·金（John Golden）《在黑暗中学习：电影在英语课堂中的应用》（2001年）一书的电影词汇表。（Reading in the Dark: Using Film as a Tool in the English Classroom）	1. 同一故事两个版本之间的相似性测试。 2. 同一故事两个版本之间的差异性反馈评估。 3. 多媒体技术实践表。 4. 比较性和对比性论文。

的观点。教师在使用学习步骤指导时，应关注中心思想和教学资源，这样就能明确每节课的学习目的。

分解课程标准提供了学习目的的内容，下面讨论语言表述。

⚙ 明确语言要求

对所有学习者，特别是英语学习者的一个挑战是，讨论的话题脱离语境，也就是说，要求学生讨论，而讨论的对象和人不在现场。这种"脱离了语境的话题，在很大程度上依赖语言本身来表达意义"。学生必须使用高度概念化的词汇，在课堂表达清楚自己的观点。

虽然清楚的目的表述可以让许多学生受益，但英语语言学习者似乎对这些表述尤其敏感——毕竟，学生在处理英文口头指令和书面指令方面要比母语为英语的学生能力弱一些。确保尽可能清晰表述每节课的学习目的，能够减少英语学习者面对的此类困惑。

研究证实，在诸如数学，科学和体育等课程的学习内容方面，明确给定任务对语言的要求，能够帮助学生学好有关的内容。此外，艾奇瓦利亚，肖特和鲍尔斯发现，分析任务的语言表述要求，同时在目的表述中加上书面和口头的语言表述要求，会使英语学习者取得更好的学习效果。

同学生沟通学习目的对语言的要求非常重要，因为所有的学习都涉及语言。在整个学习环境中，学生用语言进行思考。当涉及到学习内容时，不论是数学、科学、社会研究、还是艺术，学生仍然要读、写、说、听。内容理解目的很容易从标准中识别，而语言表述目的并不总是显而易见的。这是因为，语言表述目的需要教师同时了解学生对学习内容和语言表述的需求。相同的教学内容，可能由于两个班级学生的需求不同，制定的语言表述要求也不同。

我们分析了教师提交的500例语言目的表述，确定了三大类目的表述：词汇、语言结构和语言功能。示例3.3给出了每类目的表述的范例。

示例3.3　语言目的表述的例子

内容领域	词　汇	结　构	功　能
数学	用"小于"、"等于"或"大于"等词来比较组或数。	在应用题中突出加法信号词	说明方程的展开式和标准式中数字的区别
社会科学	在地图上指出路线并说出探险家的名字。	使用信号词，如"首先"，"那么"，"接下来"，"最后"，描述粮食生产过程。	在一段话中，举三个例子说明火能够用于狩猎、烹饪和取暖。
语言艺术	使用"谁，什么，为什么"向你的合作伙伴提问。	辨认阅读中出现的动词时态，解释哪些是已经发生的和哪些是即将发生的。	说明作家使用的组织模式，评论组织模式的充分性。
科学	标注消化系统图（牙齿，口腔，食道，胃，小肠，大肠，结肠）。	使用句子框架"一方面，＿＿＿＿。另一方面，＿＿＿＿。"学生将展示他们掌握的地层知识。	我可以让小组成员了解环境变化的三种方式。

来源：《分解语言目标：词汇，结构和功能》，道格·费舍（Doug Fisher）和南希·弗雷（Nancy Frey），2010年，英语教学杂志（TESOL），2010（3），第315-337页。版权所有，未经许可不得改编。

词汇

词汇是一大类，教师可以用它来识别目的表述的语言表述部分。学生词汇量的大小是预测他们是否能够理解给定课文的重要指标。词汇和理解之间的关系非常紧密，有证据表明，学生在幼儿园阶段词汇量的大小可以用来有效预测学生在以后学习中的阅读理解能力。要了解一个词汇术语，学生还必须学习它背后的概念，以及所有用来定义该词汇的单词。学习内容标准或年级水平标准通常都包括这些词汇。词汇知识对英语学习者尤其重要。事实上，目前对英语学习者的研究大部分集中在有效地扩大常用词汇知识、学术术语及表达陌生概念的新词汇的学习能力上。

专业词汇 VS 术语

两类词汇对确定学生的需求非常有用：专业词汇和术语。专业词汇的意思根据语境或学科发生变化，例如，tissue（组织，纸巾），vessel（血管，船只），petrified（石化的，僵硬的）和culture（培养，文化）等词具有多重含义。高中科学教师可能由此确立语言学习目的，即，学生应理解这些词在人体解剖学语境下的含义。关于使用专业词汇的语言目的表述，举例如下：

◆ 讨论眼睛的构造时，能正确使用"视杆"和"视锥"这些专业词汇。

◆ 弄清楚视觉艺术中光、角度、线条和形状的意义。

除了可能产生歧义的词汇外，专业词汇也有一些多义词，学生只知道部分含义，但不了解全部含义。例如，学生可能会理解"运行"这个词的普通含义，但不明白这个词在计算机编程或汽车修理领域的含义。

术语和专业词汇不同，只有单一的定义，通常只用于一个学科。线粒体、萨克斯和铺垫都是与特定的内容紧密联系在一起的技术术语，它们只有一个意思。所有学科都会同时使用术语和专业词汇。请看如下的目的表述：

在同桌对话中，使用与"种子传播"相关的科技词汇。

在讨论这个例子时，学生会用到如"传播矢量"这样的术语，也可能会用到如"重力"这样的专业词汇。下面来看另一个例子：

用数学术语（立体图形、角度、顶点、面）解释答案为什么是合理的。

在这个例子中，"立体图形"和"顶点"是术语，"角度"和"面"是专业词汇。

语言结构

虽然英语语言结构对所有学生都很重要，但是英语学习者特别需要大量练习，帮助他们内化语言结构的普通形式。

简单地接触语言并不能培养学生的口语、阅读和写作能力。教师应当从以下四个方面确立与语言结构相关的学习目标：语法和句法规则、信号词、支持语言应用的句子结构，以及习惯表达法。

◀)) **语法和句法** 虽然大部分课堂的内容不侧重语法，但有时候作为某个课程语言表述目的表述的一部分，也可以突出语法。例如，在2年级科学课中，在讲授青蛙生命周期时，目的表述就可以突出动词过去式的使用，因为这门课主要是为英语语言学习的学生开设的。我们比较熟悉的科尔特斯女士的课堂就是这种情况。她告诉我们，她强调过去式的目的是"为学生提供使用语言时纠错的机会，因为大家都清楚，这是在练习，错了也不会令人尴尬。"这种做法已被证实：明确的纠错反馈利于提高熟练程度。然而在纠错和反馈的过程中，学生的个人感受可能会影响这种方法的效果。

这里还有一些例子，是与语法或与句法相关的语言结构目的表述：

◆ 使用规则动词的过去式，讨论本次实验。

◆ 用完整的句子向同伴复述电影的主要思想。

◆ 在小组展示的草稿中，找出主谓不一致的错误。

信号词 信号词是英语口语和写作中，让听众和读者知道将要说什么的标志或标记。一些英语学习者常常误用一些信号词（假设他们会使用的话），尤其是那些复杂的、在书面语中频繁使用的信号词，尽管这些学习者可能对一些基本信号词使用很熟悉。

如果进行比较和对比，信号词有助于理顺口头或书面语篇结构。此类例子包括"尽管"，"以及"，"相反"，"既……又……"，"但是"，"相比之下"，"对比……"，"不同于"，"或/或者"，"即使"，"然而"，"与……相同的是"，"与……相比"，"不是……而是"，"比如"，"另一方面"，"否则"，"与……类似"，"同样的"，"仍然"，"和……不同"，"反之"，"但是"。也有许多信号词有助于表达时间次序，比如"……之后"，"后来"，"另一个"，"一……就……"，"在……之前"，"在……中间"，"最终"，"首先"，"接下来"，"立刻"，"最初"，"最后"，"后来"，"同时"，"下一个"，"不久之后"，"现在"，"在……那天"，"在……之前"，"第二"，"不久"，"然后"，"第三"，"今天"，"明天"，"直到"，"什么时候"。以下是几个使用信号词的目的表述示范：

◆ 在复述蝴蝶生命周期时,使用顺序信号词(例如,首先,下一步,然后,最后)。

◆ 使用"如果……那么"结构,描述因果关系。

◆ 使用以下信号词,比较和对比某个童话故事的两个版本:对比……共同之处,与……相比,既……又……,同样的,尽管……。

🔊 **支撑语言使用的句子结构**　句子结构让教师帮助学生使用学术语言,提高学术口语和写作的词汇密度。大学写作专家格拉夫(Graff)和比肯施泰因(Birkenstein)建议使用句子结构(他们称之为"句型模板")培养学生的学术语言技能,因为再有创意的表达形式也依赖于既定的模式和结构。例如,大部分的歌曲作家依赖于历史悠久的"诗合唱诗模式"进行创作,莎士比亚的十四行诗和戏剧形式如梦如幻,人们不会因为他没有发明十四行诗或戏剧形式而称他缺乏创造性。事实上,创造力和原创性不是避开固有的形式,而是富有创造性地运用这些形式。

下面是有关句子结构目的表述的例子:

◆ 使用句子结构"有些蜘蛛_____，但是所有蜘蛛_____"来描述课文中的信息。

◆ 在会话中使用句子结构（例如，"你的_____会在_____做什么？"）.

◆ 给同学展示辩论的正方观点和反方观点，使用句子结构"一方面，_____。另一方面，_____。"

习惯用语 除了强调语法，语言目的表述可以强调的习惯用语和形象语言。我们将习惯用语和形象化的语言结构总结为一类结构（而不是词汇），因为它们通常用作短语或整句，而不是孤立的单词和术语。此外，他们往往是一类固定结构，用于明确某个观点或概念，并影响篇幅较长的书面段落和对话。

语言功能

韩礼德（Halliday）（1973）列出了语言的七类功能：工具功能、调节功能、交往功能、个体功能、想象功能、启发功能和表达功能。他认为，这些功能分别代表人类使用语言进行交流的不同方式。一些描述课堂互动和学生表现的动词恰与这些语言功能相对应。教学语境下常用到的语言功能包括：发表意见、描述、总结、劝说、询问、考虑、使……了解、排序、反对、辩论、评估和论证。下面的目的表述中都体现了一定的语言功能：

- ◆ 总结"交税但没有代表权"的含义。
- ◆ 对同伴的创意写作成果提出问题。
- ◆ 说服你的读者改变一个习惯。
- ◆ 让你的听众了解一件时事。
- ◆ 论证你解决某一问题的办法。
- ◆ 讨论某个动物的优点。

　　教师要想确定目的表述中应涵盖哪些语言学习目的，不仅需要了解学生需要哪些指导，还要了解所学内容的语言要求。即使是极为相似的学习内容和标准，也可以设计出各种不同的语言目的表述。以一堂学习如何辨识月相的课为例，根据教师强调的不同要点，以下的语言目的表述都是恰当的：

- ◆ 命名不同的月相。（词汇）
- ◆ 使用顺序词（如，首先，然后，下一步，最后）来描述月相。（结构）
- ◆ 说明月相变化期间月亮、地球和太阳如何运行。（功能）

⚙ 结合内容和语言要素

正如我们提到的，教师可以通过很多方式，确保学生了解每个目的表述均包括两方面的要求：内容要求和语言要求。有时内容和语言分开表述，有时则合二为一。究竟应该分开还是合并表述并不重要，重要的是让学生真正了解两方面的学习目标。

让我们一起分析下面的例子，看看这位老师是如何成功地将内容部分和语言部分整合到目的表述中的。马西森女士教的是6年级学生，当时学习的是下面"美国各州共同核心课程标准"中的内容：

> 理解正数和负数可以用来描述具有相反方向或相反值的量（例如，温度高于/低于零度，海拔高于/低于海平面，贷/记，正/负电荷）；使用正负数表示现实世界中的量，分别解释各种情况下"零"的含义。

马西森女士的团队对该课程标准进行了分解，明确了目的表述中所用的动词和名词分别要求学生掌握什么，做到什么。该小组注意到标准中采用了动词"了解"和"使用"，并要求教师确定采用何种方式评估学生对内容的掌握。该小组还发现，课程标准要求学生重点学习"相反向"及"正数和负数"。通过分解课程标准，该小组初步列出几个分目标，其中包括：

示例3.4 马西森女士的目的表述

内容标准：理解正数和负数可以用来描述具有相反方向或相反值的量（例如，温度高于/低于零度，海拔高于/低于海平面，贷/记，正/负电荷；使用正负数表示现实世界中的量，分别解释各种情况下"零"的含义。

按照课程内容标准，我们能学到哪些知识？

内容目的1

学会在解决与温度、海拔、银行账户、足球场位置、高尔夫得分、运行里程和时间有关的问题时，如何进行正负值的加法运算。

内容目的2

学会在解决与温度、海拔、银行账户、足球场位置、高尔夫得分、运行里程和时间有关的问题时，如何进行正负值的减法运算。

内容目的3

解释涉及到加减值的各种真实情况下，"零"的含义。

↓   ↓   ↓

任务的语言要求是什么？

语言目的选项

- 使用句子框架"当我将_____相加，总和会增加/减少，_____原因因是_____。"
- 以书面形式总结解题方法。

语言目的选项

- 使用句子框架"当我将_____和_____相加，总和会增加/减少，_____原因因是_____。"
- 使用时间信号词（例如，首先，然后，下一步，最终）说明解题过程。

语言目的选项

- 使用数学术语解释"零"。
- 当小组其他成员问题时，要求你阐述"零"的某些问题时，你能够论证自己的解释是正确的。

根据测评分析，在本周末，学生要学会正负数的加减法，这些正负数要代表真实情景下的相反向和相反值。

该标准的设置是为了给学生提供一个机会，使用和扩展他们之前掌握的知识，因此，马西森女士开发了一种快速评估的方法，以便确定学生是否掌握了必要的背景知识。她要求学生写出"正数"和"负数"的定义，并分别举三个例子。她还要求学生在不同的数字组合中（例如，-9+4，15-27，-77-28）练习正负数的加减。这次，学生在背景知识考查中做得很好，表明他们已经可以进行下一步学习，扩展现有知识。如果学生在这项评估中表现不佳，马西森女士就要花些时间复习这些必要的背景知识，找到阻碍学生进一步学习的错误、误解和不完全的理解。

马西森女士根据其团队确定的分目标设计出一份目的表述，见示例3.4。这三个例子并不是指连续三天的内容，而是三次不同的课，目的是让学生掌握某些概念。目的表述的内容部分要求学生了解学习任务的具体知识，而语言表述部分则强调了学习任务对语言要求。内容部分和语言部分共同保证学生的学习能够达到年级水平标准。

结论

每一教学活动都有多重目标。如果教师仅仅侧重内容学习，只会偶尔顾及语言学习；如果教师只注重语言学习，那么学生就不太可能学到更多的内容。知识内容的学习与语言学习应该齐头并进，因为学习是基于语言的。我们通过读、写、说和听来学习知识。因此，教师应该引导学生既关注内容学习，也关注语言学习。如果学生清楚地了解学习目的，并知道重点在哪里，他们就会学着去使用学术语言。

正如我们上文中论证过的，确定一节课的学习目的，需要了解内容标准，这需要分解课程标准，并创建学习步骤指导。同时，还需要教师理解教学任务中的语言要求，并确定学生是否需要把重点放在词汇、语言结构和语言功能上。

The Purposeful Classroom

第 **4** 章

用目的连接学习与生活

**ENSURING THAT THE PURPOSE
IS RELEVANT**

　　我们一直强调，在学校里教授的知识不能与学生的校外生活脱节。
非教育界人士常常会质疑："在现实生活中，学生能用到这个知识
吗？"对此我们想说明的是，对成千上万的师生来说，学校就是一
个现实的世界，教师所要做的，是帮学生为未来做好准备，而不见
得能马上用于实践，因此，学生有时会认为我们所教授的知识是没
有用的。如果非要把每一个复杂的概念与一个12岁学生的生活经验生
硬地联系起来，那么单纯的学习目的和经验就都变得廉价和微不足道
了。我们认为，教师的确有责任让课程更实用，但不见得一定要与
学校以外的世界联系。当学生能够自豪地运用有关生物、物理或社
会的知识去感受周围的世界，并形成自己的学习习惯时，学校的学
习就与现实世界建立了关联性。"美国各州共同核心课程标准"已明
确，关联性意味着教师应把学习重点放在学生未来的大学生活和职
业生涯所需的知识和技能上。如果教师今天所做的一切确实是在帮
助学生为未来的工作做准备，那么我们何必非要让课程的每一部分

都与学生当下的生活体验相关呢?

☸ 建立联系的方式

有很多种方式可以使课程与学生的实际需要相关联,建立课程与校外世界的联系仅仅是其中的一种。要明确的是,教师有时应该让学生了解,他们所学的信息和技能在生活中有实用价值,以此建立所学内容与现实世界的关联性。一位几何老师在确立有关三角形中线的学习目标时告诉学生:"火山学家总是使用这一知识来确定火山的体积。"她还指出,当你为一场话剧布景时,你会用三角形中线来确保舞台上的所有东西都是成比例的。这两种说法,都是借用校外的"真实世界",使学习内容与学生的生活相联系。

除了让学习内容与学生的校外生活相联系以外,还可以通过另外一种方式建立这种相关性,那就是让学生有机会按照自己的整体规划,有步骤地学习,而不仅仅是学习孤立的知识和技能。道格还记得他的9年级人文课老师如何组织课程主题,并让学生自己提出相关问题,然后找到问题的答案。其中一个单元的主题是"生命与死亡",道格所在的小组选择阅读《匙河诗集》(*Spoon River Anthology*)。没有人记得为什么选择这本书。这本诗集收集了为一些虚构人物所做的墓志铭体小诗,这些人物生活在世纪之交的伊利诺伊州,与道格那些生活在南加州的14岁孩子毫无关系。尽管如此,道格跟小组的其他成员读了这本书,并以这本书为基础编写了剧本。他们仍然记得那些人物，那些人物讲述着自己生命中的真实历程，不惧后果；他们也还记得剧中人建起的建筑外墙。道格按照自己的步骤学习，这使得他了解了一本书，获得了一套理念。如果道格不曾学过这一课，他就无从获得这些理念，而在道格后来的人生历程中，这些理念都派上了用场——先是大学时代的一篇论文，之后又用于一本教师用书。

确保学习相关性的另一种方式是为学生提供机会，以便他们了解自己的学习过程。我们都希望更好地了解自己，也抓住一切机会去了解自己。南希上中学时就获得了一次这样的机会。虽然她一直擅长阅读，但她并不真正了解自己的阅读和理解过程。她的老师也不知道该如何处理，就让她做低年级学生的助学。他们没有探讨这种做法对南希是否有实实在在的帮助，只是派她去了一个低年级的教室。南希记得，在那段时间里，她清楚了自己的阅读理解过程，意识到了并不是每个人的理解过程都与她的一样。同样，这一做法与现实生活的相关性，也是在南希自己成为一名教师时才彰显出来的。

建立学习与现实生活的相关性，是一个复杂的问题。这是因为学生们各自的生活经历截然不同，而他们生活的世界也瞬息万变。在这里，我们应该思考如何把学习与现实生活的相关性和学习目的表述联系起来。学生校外的生活经验会影响我们所教授的课程，而为了使学生更清楚地看到所学知识与生活实践的相关性，我们也会尝试用不同方法来规划学习科目，这也会影响到我们教授的课程。

⚙ 信息社会的真实世界

在学生看来，实现学习内容相关性的办法之一是教师是否能将技术融入课堂。通过在课堂上展示先进的技术，教师可让学生明白现在学到的知识与将来的生活会有怎样的联系。"真实世界"正在以惊人的速度发展，学生未来从事的工作将涉及到我们无法想象的技术。现在的学生都是数字化的"原住居民"，而他们的老师则是数字"移民"——学生在家使用iPad和智能手机获取信息。

我们可以增加知识相关性的方法之一是鼓励学生在课堂上使用"真实世界"。如果学校不禁止学生使用手机和其他电子设备，而是指导学生如何使用这些手段来完成学习任务，效果会怎样？我们认为，圣迭戈联合学区（2003年）的如下政策必须要改变：

> 在上课期间，必须收起或关闭与课程无关的设备（如移动电话、寻呼机及其他电子设备）。擅自使用此类设备会扰乱教学计划和干扰学生注意力。因此，校方及授课教师有权没收私自使用的电子设备。私自使用电子设备且屡教不改者，可予以纪律处分。

我们学校的做法是：不全面禁止学生使用电子产品，而是礼貌地提醒学生如何正确使用这些工具。我们指导学生如何使用以及在何时使用他们的电子产品，这种做法使学生查询资料更容易，并能够让他们以更积极的眼光看待教师和管理人员。毕竟在数字化社会，获取、分析和创造信息的能力是21世纪的一个基本的技能。

美国国家教育进步评价委员会（NAEP）已开发"技术素养测试"规范，并于2012起开始执行。评价委员会小组要求，测试应采用开放性的问答题考查学生的各种能力。测试大纲提供的例子如下：

> 要求（学生）组建一台风力涡轮机，可以从一组虚拟组件中选取材料，组件含有几套涡轮机叶片和发电机的组合……根据获取的数据列表选择不同类型的构造图，……研究这些数据，做出涡轮叶片和发电机的最佳组合，并在简短的书面（手写或打印）报告中验证他们的选择。

科学和数学知识肯定是完成这个项目的关键技能，同时，读写技能也是预测、确认、监测、评估并验证项目过程所必需的技能。评价委员会制定的技术素养大纲就是一个强有力的"号召"——21世纪的学习不再是鹦鹉学舌式的学习现有的知识，而是要创新知识，并理解为什么要创新。

如果使教学目标和学生相关，应该如何组织课堂呢？评价委员会制定的大纲没有规定学生具体需要掌握哪些工具。因为他们可能已经知道工具发展进步很快，那些专用工具很快就会过时。（比如我们之前引述圣迭戈联合学区规定的技术政策中提及的寻呼机，我们大多数人近10年甚至都没再见过这种工具。）评价委员会制定的测试大纲的专注于功能的实现，而不是工具，专注于对需求的评估、分析，超越了现有的工具。我们把这些功能分为四大类，即发现、使用、创造和共享信息。

寻找信息

有时候我们会忽视对学生言传身教的意义。学生会观察和分析教师是如何应对和解决问题的。意想不到的是，这时学生会了解到我们很多的想法。教师使用复杂的方法查询资料，就是让学生了解我们的好机会。例如，要知道放学后何时离校才能赶上同牙医的预约，你可能会打开谷歌地图，规划到达目的地的路线，并估计所需的时间。听说你最喜欢的球队昨晚有比赛？你可能在智能手机上下载该团队的比赛，查看它们的应用战术。但是，课堂上却极少使用这种方法。写一篇关于维京人的学术论文意味着你要到学校图书馆跑一趟，查阅某本书，尽管维基百科的条目有这样的最新信息："维京人在阴天时可能使用日光石（冰洲石）用于长距离导航。"维基百科的信息来源的确有可能是不可靠的，教师会告诉学生不要使用它。然而，虽然词条本身未必具有权威性，但是大多数词条的链接注脚却提供了验证或进一步查询信息的途径。

当学生使用网络资源时，他们很可能会获取到错误的或不完整的信息，因为他们还未学习提高搜索效率的简单方法。这些方法包括学习搜索的技巧，如给短语加上引号，或将"网站"作为关键词加在搜索项前来搜索限制特定的域名（例如以"网站美国国会图书馆"搜索项，唯一出现的信息就是美国国会图书馆）。当然你可能还知道其他方法，教师有必要讲授这类方法，而不是将其拒于课堂之外。

使用信息

寻找信息只是研究的第一步，学生还需要知道如何有效地使用这些信息。获得数字信息太容易了，已经模糊了学校可以容忍的对抄袭的界定。关于剽窃的抱怨比比皆是，因为学生认为只需复制并粘贴他们在网上找到的文本就可以了。通常对这种做法快速严肃的处理是：作业零分，并同时按照学生荣誉准则规定给予其他相应的惩罚。

有些情况下学生复制信息确实是故意进行欺骗，但依照我们的经验，学生们有时可能并不清楚为什么违反了规定。我们不是在谈论课堂里学习的或教学大纲里提到的抽象概念，而是在探讨学生实际了解什么是"抄袭"的概念。我们很少为学生示范应该如何处理找到的信息。教师在课上又有多少次自由使用别人的材料，却没有适当地引用来源？

创造信息

学生的各种创新办法总是让我们惊叹不已。当然，如往届一样，所有学生的学习课程都包括写作、绘画、舞蹈和演奏等。但现在他们的学习增加了如下内容：制作、编辑视频短片，并将短片上传到视频网站；以虚拟身份玩网络游戏，如"魔兽世界"等。在我们熟悉的社交网站，也看到学生各种各样的网络身份，很难认出是真实世界里的哪个学生。然而，在课堂上，学生很少有机会用上述方法创造信息，尽管有很多学生擅长此道。

越来越多的教师投入到数字化故事叙述的研究上。可以用数字手段讲述故事的例子有肯·伯恩斯拍摄的内战、棒球和爵士等纪录片。所谓数字化故事叙述，就是故事叙述者使用静止图像、文字和旁白，展示某个话题内容或讲述一个原创故事。西尔维斯特和格林里奇描述了他们教授低年级学生的经历。他们提出，根据兰伯特的研究，数字化故事叙述有七个要素。需要指出的是，前五个要素反映传统散文叙事的特点，而最后两类则是数字化故事叙述独有的，具体如下：

1. **作者观点**：作者试图通过故事，表达对事物的具体认识。数字化故事叙述让作者以第一人称讲述个人经历，容易拉近与读者的距离，使读者进入故事。

2. **戏剧性问题**：矛盾冲突贯穿故事始终，会更加吸引观众。同传统散文叙事一样，数字化故事也有情节发展。否则，就成了播放配有音效的婚礼照片的幻灯片。

3. **情感内容**：直接体现如下情感：爱情和孤独、自信和脆弱、接受和拒绝等基本的情感范式。数字化故事叙述能唤起观众的情感，由此使投入的时间和精力富有成效。新手常常让观众当场爆笑来增强故事的情感表达。

4. **简洁**：有意识地减少叙述性语言。故事叙述者应该对观众的专注力敏感。

5. **节奏性**：控制好故事的节奏以保持观众的兴趣。

6. **声音特点**：调整好叙述者声音的音高、音调和音色，这是数字化故事叙述必不可少的手段。

7. **情节配乐**：用音乐来加强叙事效果，激发观众的情绪回应。

共享信息

信息的产生和共享难以分开，随着数字技术的出现，二者之间的联系更加紧密。在过去，学生将图纸挂在墙上做课堂展示，而在今天，学生用更多的方法和更小的空间来分享学习内容。例如，许多教师使用课堂维基发布学生作品和推动学习讨论。我们经常使用"语音之线"主题节目（Voice Thread Program）（www.voicethread.com），帮助学生创作数字化故事叙述并与同学分享。浏览过的同学发表自己对该故事的评论，也可提出问题，让其他同学去思考，从而进一步促进讨论。

教师用越来越多的方法培养提升学生的共享能力。例如，学生可以利用大多数计算机具有的录音功能来创建自己的播客，甚至使用网站制作自己的虚拟化身。五年级的老师唐·牛顿就使用Voki让学生作读书报告。

"我的学生在网站上创建虚拟化身，然后完成各自的书评。"他告诉我们，"文本文档可以转换成语音格式，然后他们将作业上传到我们的班级网站。网站设有密码保护，所以只有我的学生和他们的家庭可以查看。家长可以看到自己孩子的和其他人的作品，我很喜欢这种做法。"

我们的同事凯蒂·史密斯是11年级的英语老师，设立了一个她称之为"书籍百科"的项目。这是一个基于课堂的在线百科全书网站，网站上有学生完成阅读的书籍，故事梗概和读书评论。有些书的评论可能来自几个学生，这可以为大家提供广泛的观点和见解。寻找新书阅读的学生可以参阅这些已有评论。今年，史密斯女士已进一步升级了数据库，上传了学生们制作的一些书籍预告视频，从而为学生提供了关于这些书的视频和文档信息。

我们学校的健康课老师安娜里尔·恩里克斯使用Glogster网站（edu.glogster.com），该网站是"一个教师和学生在线协作学习平台"。该网站设有密码保护，学生可以用图片、文字和音频创建多媒体海报。恩里克斯女士让她的学生在这个网站创建海报，总结马斯洛、埃里克森、弗洛伊德等心理学家提出的心理学理论。学生可以在网站上参加一个展示同学作品的虚拟画廊。

⚙ 通过组织课程建立关联性

作为教师，我们可以围绕主题指导和跨学科指导组织课程，这样可以让学生将学科间的各种观点联系在一起。我们还可以围绕问题和项目组织课程，要求学生进行调查和询问。最后，我们可以围绕基本问题组织课程，要求学生进行研究并寻找答案。组织课程期间，日常的学习目的很重要，因为学生想知道各种观点如何关联，以及他们可能学到何种知识。

主题和跨学科教学

主题研究可能是组织课程的老办法。约翰·杜威建议，教师为了让学生获得富有意义的学习经历，应以常用题材来关联课程，他提倡这种做法的理由如下：

> "它减轻了学生和教师的脑力工作。首先，减轻了记忆的负担，因为各种事实按照基本原则进行分组，而不仅仅是将各个事件按最初发生的时间来排列。这样做有助于培养观察力，我们知道查什么，也知道在哪里查。"（第28—29页）

随着教育的重点在知识获取和知识效用之间徘徊，这种做法在上个世纪经历了兴衰。每一次重点的转移都让人们对有效的实践和评估有了更新的了解，这一点十分重要。我们认识到，无效的单元主题会导致无效的学习内容（如第2章中南希教授以苹果为主题的单元），然而，采用严谨的思维技巧和生动的内容所构建的学习单元，能促进对有价值话题的深入理解。

20世纪80年代后期，对主题式教学法的再次关注让跨学科教学进入人们的视野，这种教学法鼓励学生从两个或两个以上的学科角度研究一个主题。老师发现这种方法能激励学生，因为学生可以超越规定的学科界限，展示他们对研究主题更广泛的理解。例如，世界历史老师范·阿塔和视觉艺术老师柯瑞特·雷耶斯通过不同的角度，审视毕加索在1937年的杰作《格尔尼卡》，研究这幅画的历史背景以及作者的色彩运用技巧和构图技巧。同时，跨学科教学法要求教师讲解西班牙内战的历史，让学生理解毕加索如何用线条、形状、形式和色彩，以及通过这些方式所传达的涵义。这样，学生就亲身体验到学科间的知识是如何融会贯通的。此外，这种教学方法也使学生认识到，同一学习内容可以应用于多门学科，从而使学习对学生而言更有意义——这也回答了一个存在了几个世纪的问题，"为什么我们一定要学这个？"正如一个在范·阿塔先生和雷耶斯女士授课班的学生所说的：

我们在雷耶斯女士的课上学到了视觉分析，真正仔细地研究毕加索如何采用直线线条和曲线线条，让画面呈现出一种真实的混乱。后来在范·阿塔先生的课上，我们小组合作制定一份视觉分析工作表。这一次，我们研究每个画面（该画可分为四部分），并找出各部分不同的象征意义，比如，我之前真的没有注意到画里的骷髅头，杰里米（另一名学生）则在谈论画中的公牛。范·阿塔先生告诉我们，许多西班牙的故事里都会出现公牛。

在这一课中，雷耶斯女士的目的表述如下：

今天我们主要研究毕加索这幅画中的线条。你们将用到实例来解释，画家是如何运用直线和曲线创造出如此紧张的氛围的。

范·阿塔先生的目的表述如下：

今天我们要弄清《格尔尼卡》这幅作品蕴含的政治意义，并弄清楚这幅画在1937年世界博览会参展时，向世界传递的信息。这将有助于你们理解这幅画在当时引起巨大争议的原因。然后，你们辩论一下，当时主要强国的统治者有怎样不同的反应。

在每一种情况下，学习目的都是根据学科领域制定，但总体目的都是为了让学生了解和巩固历史和艺术如何互相影响的知识。

基于项目的学习法

基于项目的学习法（PBL）已经成为组织学习内容的一种流行手段，在各个学科和年级，这样的例子比比皆是。这些单元的学习往往需要几次课，并且要求学生通过团队协作来完成。基于项目的学习法包括两种主要类型：调查型学习和实施型学习。调查型学习要求学生解答不易回答的问题，比如为什么一些物种在自然灾害中幸存了下来，而其他的却没有。实施型学习需要学生公开展示和讨论他们制作了什么，例如小学生运用他们的数学技能，设计庭院瓷砖的图案。典型的实施型学习例子有模拟联合国，以及模拟审判一些著名的虚构人物等。

正如我们大多数人所知，课堂并不仅仅是讲授和听讲，基于项目的学习法要求学生有很强的主动性和参与性。如果没有系统的项目经验，除了完成任务和进行简单的概念应用以外，收效甚微。假如将学习定义为"在无需提示的情况下具备应用知识的能力"，那么，在课外不能学以致用的学习就是失败。

目的表述在基于项目的学习中起着至关重要的作用。如果没有一个明确的目标，学生们很可能只是稀里糊涂地进行一个项目，却没有当成一种学习。坎特指出："（基于项目的学习法）在科学知识构建之前，学习者必须有一个理由来学习，然后从记忆中创建语境来整合新学到的知识，最终达到完全理解"。他建议课程顺序设计应与教学指导下的学习活动对应，尤其应按照这样一个顺序：学习新知识的需求——应用知识的机会——知识能否应用于该项目的机会，而最后一个环节被他称为"不协调"的设计元素，也是基于问题的学习法的核心特征之一。

基于问题的学习法

基于问题学习法起源于医学院培训课程。研究发现，在这种课程学习中，学生通过对一个虚构病人的诊断和治疗，会学到更多的知识。这种方法很快被推广到大学的其它课程教学中，然后推广到中小学课堂，通过与真实环境建立的关联，带来明显的学习效果，所以很快获得了教育工作者的认可。此外，基于问题学习法的成果表明，注重学习过程的学生能更深刻地掌握知识，提高解决复杂问题的能力，从而具备自主学习的能力。

同基于项目的学习法相似，基于问题的学习法依赖于建构主义方法去建构知识。虽然许多基于问题学习法的学习步骤与基于项目的学习法相同，并通常以学生的调查报告和作品为学习成果，但是，在基于问题的学习法中，问题本身的结构是独特的。给学生提出的问题要故意模糊不清，这样可使学生去努力思考，以确定他们需要什么，如何学习和如何应用。这个特点也许同医学教育领域有着非常密切的关系，因为在病人不知道哪里不适，不能准确描述症状的情况下，医生也必须能诊断和治疗。这个特点也遭到了非议，因为基于问题的学习法的知识不成体系，使得学生无从下手，增加了学习难度。此外，在基于问题的学习中，教师主要是学习的促进者，而不是过度干预者，这种方法对需要支架式教学①的学生具有更大的挑战性。

在设计学习实践中，学生可能会经历初期的困难，但也会获得一定的认知优势。这些学习实践可以作为一个新的学习促发机制，这个过程被称为"有价值的失败"。有证据表明，经历过学习任务失败的学生，在接受后续指导后的表现优于那些没有经历过失败和后续指导的学生。对基于问题学习法的批评多针对的是单元学习长度，或学生欠缺协作能力。所以我们提倡简短的教学实践，目的是在今后持续的基于问题学习法中培养学生的学习毅力。同时，我们提倡为大量的支架式教学提供机会，如教师示范和引导教学等方法，这些方法已受到那些广泛使用基于问题教学法教师的青睐。

基于问题式学习的目的表述应采用"适时"的方法，将学生从观察和认识层面转到反思和元认知层面上。例如，当学生惊呼"哦，我明白了！"的时候，老师就可以给学生的学习内容提供深入的见解。8年级的科学老师比尔·林恩提到：他的一组学生在为一辆车辆模型完成电路设置时遇到了障碍，他为学生提供了这样的目的表述："这样做

---

① 注：结构主义理论提出的重要教学方法，强调教学应为学习者建构理解知识的概念框架，框架中的每一个概念是学习者进一步学习所需要的。为此，事先要把复杂的学习任务加以分解，以便于把学习者的理解逐步引向深入。

的目的是弄清楚完整的电路必须是怎样的，什么原因会妨碍完成任务。你们已经学过了绝缘体和导体，现在可以再次检查一下电路，看看有什么可能存在的障碍？"

此目的表述让学生的注意力转向他们忽视的细节：他们没能剥离连接电池的导线绝缘层。仅仅过了几分钟，当车辆模型在地板上移动时，学生们欢呼雀跃。

核心问题

有些核心问题并不容易回答，设计这些问题的目的是让学生在组织答案时激发他们进行思考、讨论和研究。在跨学科教学中，设置核心问题的意图是让学生超越单一学科的界限，去思考那些对个人发展有意义的话题，后者对于设计核心问题非常重要，因为一个年龄组的学生感兴趣的问题可能对另一个年龄组的学生毫无吸引力。例如，我们授课的高中在2009～2010年度课程中，应用了以下四个从全校选出的必要问题：

◆ 种族的涵义是什么？种族很重要吗？

◆ 你能买到幸福吗？

◆ 我是谁？为什么我很重要？

◆ 人际交往如何影响你的生活？

虽然这些问题很有趣，也适合青少年讨论，但无法应用在小学阶段。低年级学生可能更适合讨论以下问题：

◆ 有哪些不同的计算方法？

◆ 生物成长时会发生怎样的变化？

◆ 为什么人们开始向西部迁移？

◆ 我该如何保持健康？

　　无论面向哪个年级的学生，核心问题应该让学生感到挑战性，从而去创造并评估信息，使他们在寻找答案时获得知识。有些问题需要学生选择立场并捍卫自己的观点（例如，"为达目的，不择手段？"的论述是否合理）。有些跨学科问题挑战学生关于道德和伦理话题的思考能力，有些问题则针对某一具体学科，例如，我们学校会向学生提出这样的问题："环境、文化和信仰如何影响一个人的健康？"学生要回答这个问题，需要调动历史、科学和人文科学方面的知识，最终来完成健康课的一项学习任务。如果学生不能从身体健康方面考虑解决这个问题，他们就得不到正确的答案。

　　核心问题虽然有用，但仍然需要一个有效的目的表述，引导学生将注意力转向学习内容。内容广泛的问题，如以上提到的关于"健康"的讨论肯定很有趣，但学生也会很容易转向其它学科，无法回到原来的目的。学生要清楚，他们的总体目标是探索有关健康的决策和习惯。

我们制作了一个清单，来确保学生回答核心问题时没有偏离方向，这样做很有效。示例4.1给出了该清单的样本。

⚙ 结论

在本章中，我们讨论了如何确保让学生清楚明确的学习目的与现实的关联。如果教师都能做好这方面的工作，学生就能明白，现在的学习与既有意义又有趣的主题、问题、项目或者难题有关系，这样学生就有机会广泛应用课堂外的技术工具去发现、使用、创造和共享信息。学生也能看到，明确的目的和他们的生活及自我认识之间存在联系，并有机会按照自己的方式学习，而不仅仅是学习孤立的技能或知识。不过，有时候我们也专注于为了学习而学习，在这种情况下，学生需要知道目前的学习将与以后的生活和工作相关联，比如成功的大学生活、职业生涯，以及如何参与到社会。当然，实现学生和课程之间的关联，要求教师不仅对课程，对学生也有着透彻的理解。

示例 4.1　关于健康课作业的核心问题目的完成清单

核心问题：环境、文化及各种信仰如何影响一个人的健康？

世界历史
❏　解释健康是如何同世界史相关的
❏　用单元二中的多个例子说明世界历史如何影响了环境、文化及信仰
❏　用多个例子说明环境、文化及各种信仰如何影响我们的健康
生物学
❏　解释健康如何同生物学关联
❏　解释基因学在健康和环境（污染、气候变化等方面）上的作用
❏　解释环境、文化和信仰如何影响你的健康，以及如何和生物学有关联（举几个例子）
英　　语
❏　观点全面、彻底，并辅以大量佐证
❏　确保材料组织严密
❏　保证没有或几乎没有拼写和大小写错误
❏　使用多种句型、正确的语法及标点符号

The
Purposeful
Classroom

第 **5** 章

学习目的创造学习动力

INVITING STUDENTS TO OWN
THE PURPOSE

本章的重点是阐释如何引导学生参与确立学习目的。目的表述可能是根据某一标准制定的，但学生亲自参与明确学习目的的过程会对其学习更有帮助。当然，有时候，学生可以自己确立学习目的，但我们也必须清楚，要使学生学会既定的内容，教师必须按计划确立学习目的。

⚙ 外部动力和内部动力

作为教师，我们希望学生有学习积极性，但却不知道如何鼓励学生。我们常在教师休息室抱怨："我不确定那个孩子到底哪里有问题，但他就是没有学习动力。""动力"是一个复杂的话题，迄今为止已经有数千项相关研究。主要理论从本质上都把重点放在外部或内部动力。

外部动力指的是来自个体以外的影响，比如金钱或分数。一个受外部动力影响的学生，会努力去完成一项自己并不感兴趣的任务，因为完成这项任务所得到的奖励和回报值得他付出，至少他个人认为是值得的。学校有很多种外部奖励：我们会奖励笑脸、贴纸和分数，以此鼓励学生完成一些他们本来可能不感兴趣的任务。有人认为，外部激励的方法使学生在看到可见的回报时才开始执行学习任务，因此他们呼吁取消外部激励。柯恩（Kohn）认为，学生在分数和其他外在动机的驱使下进行的工作通常达不到最佳状态的。

尽管我们都清楚，一味地用外部激励的方法并不合理，但我们也深谙教育现状，比如我们不得不给学生打分，家长期待看到学生表现的大致情况，大学需要了解应该招收哪些学生。我们可以努力去改变这些期待和教育体制，但在现在的课堂上，我们还是要给学生打分。我们确实不必把分数看得太重，应该更关注学生的理解力和成就感，但是短时间内分数制度是不会被取消的。

根据我们丰富的课堂教学经验，我们知道一些学生自我感觉并不好，不大可能会自我激励（即来自自身的动力）。我们需要承认他们的努力和成功，并通过这种认可来为他们建立内在动力。有些学生刚来的时候已经有了很强的内在动力，而有的学生则没有。我们工作的一部分就是帮助他们建立内部动力，而有时候我们需要通过一些外在激励来建立这种内部动力。写到这里，我想到一个名字叫克里斯特尔的学生。我们认识她时，她正在读9年级，她的家庭环境不尽如人意，简单来说，在那样的家庭环境下，她甚至很难听到诸如"谢谢"、"做得好"、"我爱你"这类的话。当我们刚见到克里斯特尔的时候，她没有动力去做个好学生，实际上她几乎不做功课。通常她看上去愤愤不平，整堂课都不说话。在学年初有几周的指导训练课程，南希老师让克里斯特尔谈谈对课堂上读的书的想法，克里斯特尔说完后，南希说："谢谢。你所说的值得我们思考。看上去你认同这本书的说法。你的见解真是太棒了，我希望你可以跟同学们分享你更多的想法。"我们对当时的情形印象深刻，因为克里斯特尔听到南希的称赞后哭了出来。虽然这并不说明这一次互动就解决了克里斯特尔所有的问题，我们依然有很多难题要面对，但通过对她的表扬和奖励，她知道我们在乎她，关注她。当然我们清楚，必须做出更多努力，而不是单单依靠外部激励，我们的目标也绝非让学生们依赖于外部激励，而是要帮他们建立内在动力，并且循序渐进地用我们从外部创造的动力激发他们的内在动力。

激励人们的因素在人们的一生中并非一成不变，正如我们看到孩子在成长过程中做事情的动机也在变化一样。更重要的是，无论在人生的哪一个阶段，"被尊重"都是最重要的动力因素之一。这一发现提示我们：当学生感受到老师尊重时，他们就会受到激励。这对课堂教学有重大启示。我们或许都会有一段不被老师尊重的经历，也记得自己有了那种不被尊重的感受之后作何反应。

存在激励因素和保健因素。那些能激励一个人的因素包括有挑战性的工作、对努力付出的认可、责任的增加、归属感等，这些都会带来满意度的提高，并进而激励一个人更加努力。而保健因素包括身份地位、酬劳回报、福利等等，缺少这些人们就会失去动力。而之所以命名为保健因素，是因为即使这些因素的存在无法使你更健康，但缺少了这些因素会导致健康状况的恶化。

我们发现关注动力对教学有帮助。这使我们认识到，布置给学生的学习任务必须能调动学生的积极性，有用并且有趣。认可学生付出的努力会激励他们，归属感会激励他们，增强学习责任感也会激励他们。话虽如此，我们还是需要给学生打分或给予其他奖励，因为这些激励方法不会打击学生的动力，反倒是不打分、不给奖励的方式会挫伤学生的积极性。

固定型思维模式和成长型思维模式

卡罗尔·德维克（Carol Dweck）提出，人类有两种不同的思维模式。我们与其他人的互动会影响到这两种思维模式。思维模式固定型的人相信他们的能力是与生俱来的，他们的成败取决于他们的才智和技能；成长型思维模式的人认为只要努力就能培养新的能力，失败反而会带来提高自己的机会。德维克认为，我们的思维模式都处于固定型思维模式和成长型思维模式之间。思维模式在教育中起着重要作用，这是因为成年人和教师可以影响到孩子对努力的看法。拥有成长型思维模式的学生们即使遇到挫折，也很有可能会继续努力，愈挫愈勇；而思维模式僵固的学生们可能会在遭遇困难时轻易放弃。让我们看看下面这个例子：我们曾观察过4年级某个班的学生，通过小组合作把小数换算成分数的过程。学生每三人一组，轮流用数字、单词和图片解决问题。阿兰卓、德温、马尔科三人需要将0.10换算成分数。

德温用文字解决问题，他说："小数部分放在上面，不加小数点，然后下面写上100。这样就得到10/100。"马克尔用图片，她从100个形状中取出10个，涂上颜色。阿兰卓用数字，她一边展示她的做法一边说："我把10放在100上面，因为0.10的小数点移动两位变成了10。

学生们都对他们的答案都很满意，但是当德温核对答案时，告诉大家他们做错了，答案是1/10，而不是10/100。德温把头垂到桌子上说："我不明白，我们做得没错。"很明显，德温的思维模式是相对僵固的，失败让他沮丧，想要放弃。而马尔科的思维方式是成长型的。他说："记得阿维拉老师说过能约分的要进行约分，我们试一下吧？"这时阿兰卓的思维模式也转变成为成长型的。"让我们重新开始吧，"她说："快点！我们可以的。我们只是忘了一点。100等于10×10，我们用分子和分母分别除10。看，这样就得到1/10。对，就应该是这个数！"

德维克指出，学生与成年人之间的互动会影响到他们的思维模式。成年人表扬孩子聪明，就强化了固定型思维模式。下面的称赞就是把学生思维模式导向僵固的一些例子：

◆ 做得好！你很聪明。

◆ 祝贺你，你甚至不需努力就能做好。

◆ 在我看来你就是个天才。

当成年人认可孩子们付出的努力时，就培养了孩子们的成长型思维模式。如下面的这些称赞，都有助于培养成长式思维模式：

◆ 做得好！你的坚持得到了回报。

◆ 哇，我看得出你为了做好这件事真的很努力。

◆ 你一定练过很多次。大家都看得出来这一点！

在培养学生的成长型思维模式，以及在外部激励与内在激励之间权衡利弊的时候，我们应该注意到对学生做出的评价可能造成的影响。这些评价可以塑造，也可以毁掉学生的个性和自我意识。在赞美学生时要小心措辞，善于运用外在的称赞会激发学生的内在动力，比如说：不要说"我为你而自豪"，而是说："我敢肯定，你很自豪"。这种措辞上的变化会让学生知道，他们完成工作的质量和为之付出的努力得到了认可，也让他们知道，他们应该为此骄傲。培养学生的内在动机时，选择适当的措辞不仅能强化学生的成长式思维模式，也能让他们体会到享受成功的感觉。

⚙ 设定长期目标

当然，有动力就需要先有一个有意义的任务，为了让任务更有意义，学生们必须要知道他们为什么要做这项任务，能从中学到什么。

作为教师，有时候我们要帮助学生确立个人的长期目标。确立目标能帮助学生专注于他们需要学的，或者想要学的东西。这样，路遇荆棘时，学生可以回头看看他们自己立下的目标，并以此目标指导自己重整战袍。我们的一些同事让学生制定周目标和月目标，并在单独谈话时讨论。示例5.1是一个设定目标的表格样本。

洛雷斯女士让学生们在多媒体实验室填写如示例5.1所示的表格。她的学生乔治写到，他擅长拍摄和设计镜头，但是编辑技能还有待提高。洛雷斯女士与乔治讨论他的目标时得知，乔治想学会如何编辑视频文件，把更好的作品发布到YouTube网站上。洛雷斯女士除了与乔治探讨技术技能外，还讨论了其他所有与编辑视频有关的技能，并告诉乔治要注重语言的使用。

了解乔治的目标对洛雷斯女士设计她的课程以及之后与乔治的互动非常重要。让学生制定自己的个人目标并不代表他们可以不参与为全班统一设计的课程，而是为了确保我们的课程可以满足每个学生的个体需求。当乔治在学习上遇到挫折，需要帮助来坚持下去的时候，洛雷斯女士可以用他自己立下的目标来激励和鼓励他。

关于这一点，你可能会想起教练员在重大赛事前给运动员打气的场景。赛前讲话旨在鼓舞士气，赛出好成绩，晓之以理也要动之以情。或许你在考虑，教师也应该在一项任务完成前和考试前同学生进行这样的谈话。其实并不是这些讲话本身在起作用，当运动员听到鼓励的话语时，会把自己感觉到的自身技能和教练的期待对比。换言之，如果教练跟每个运动员共同制定目标，逐渐建立信心，那么赛前打气就会更加有效。

示例5.1　目标设置表

我擅长＿＿＿＿＿＿＿＿＿＿＿＿＿＿。我需要努力（做）＿＿＿＿＿＿＿＿＿＿

＿＿＿＿＿＿＿＿＿＿＿＿＿＿＿＿＿＿＿＿＿＿＿＿＿＿＿＿＿＿＿＿＿＿＿＿

＿＿＿＿＿＿＿＿＿＿＿＿＿＿＿＿＿＿＿＿＿＿＿＿＿＿＿＿＿＿＿＿＿＿＿＿

我打算提高＿＿＿＿＿＿＿＿＿＿＿＿＿＿＿＿＿＿＿＿＿＿＿＿＿＿＿＿＿＿＿

＿＿＿＿＿＿＿＿＿＿＿＿＿＿＿＿＿＿＿＿＿＿＿＿＿＿＿＿＿＿＿＿＿＿＿＿

＿＿＿＿＿＿＿＿＿＿＿＿＿＿＿＿＿＿＿＿＿＿＿＿＿＿＿＿＿＿＿＿＿＿＿＿

我将从以下几方面来提高＿＿＿＿＿＿＿＿＿＿＿＿＿＿＿＿＿＿＿＿＿＿＿＿＿

＿＿＿＿＿＿＿＿＿＿＿＿＿＿＿＿＿＿＿＿＿＿＿＿＿＿＿＿＿＿＿＿＿＿＿＿

＿＿＿＿＿＿＿＿＿＿＿＿＿＿＿＿＿＿＿＿＿＿＿＿＿＿＿＿＿＿＿＿＿＿＿＿

能帮我提高的人包括＿＿＿＿＿＿＿＿＿＿＿＿＿＿＿＿＿＿＿＿＿＿＿＿＿＿＿

＿＿＿＿＿＿＿＿＿＿＿＿＿＿＿＿＿＿＿＿＿＿＿＿＿＿＿＿＿＿＿＿＿＿＿＿

＿＿＿＿＿＿＿＿＿＿＿＿＿＿＿＿＿＿＿＿＿＿＿＿＿＿＿＿＿＿＿＿＿＿＿＿

我会知道我的计划是否起作用，因为＿＿＿＿＿＿＿＿＿＿＿＿＿＿＿＿＿＿＿＿

＿＿＿＿＿＿＿＿＿＿＿＿＿＿＿＿＿＿＿＿＿＿＿＿＿＿＿＿＿＿＿＿＿＿＿＿

＿＿＿＿＿＿＿＿＿＿＿＿＿＿＿＿＿＿＿＿＿＿＿＿＿＿＿＿＿＿＿＿＿＿＿＿

如果我的计划没有效果，那么＿＿＿＿＿＿＿＿＿＿＿＿＿＿＿＿＿＿＿＿＿＿＿

＿＿＿＿＿＿＿＿＿＿＿＿＿＿＿＿＿＿＿＿＿＿＿＿＿＿＿＿＿＿＿＿＿＿＿＿

＿＿＿＿＿＿＿＿＿＿＿＿＿＿＿＿＿＿＿＿＿＿＿＿＿＿＿＿＿＿＿＿＿＿＿＿

我希望有所提高的理由是＿＿＿＿＿＿＿＿＿＿＿＿＿＿＿＿＿＿＿＿＿＿＿＿＿

＿＿＿＿＿＿＿＿＿＿＿＿＿＿＿＿＿＿＿＿＿＿＿＿＿＿＿＿＿＿＿＿＿＿＿＿

＿＿＿＿＿＿＿＿＿＿＿＿＿＿＿＿＿＿＿＿＿＿＿＿＿＿＿＿＿＿＿＿＿＿＿＿

教练希望每个队员乃至整个团队都能取得最好的成绩，我们教师也是如此。我们可以帮助学生通过设立学习目标，让学生掌握学习的主动权。有几种方式可以让学生参与到学习目标的制定过程中，例如，教师"用学生容易接受的语言写下他们应达到的学习目标一览表"，这样学生们明白目标所在，就有动力为之努力。当一个篮球教练说"你可以不看球做交叉运球三次，现在我们一起努力争取做到五次"的时候，他就在帮助运动员立下目标。通过这种方法，学生可以了解到他们现在的表现水平，并与教师的期待做比较，例如麦基先生曾在班里讨论过如下的学习目的："用专业术语描述涉及到音乐创作、音乐指挥和演奏音乐的过程。"米歇尔知道，鉴于她之前有过创造音乐和定期在当地剧院演奏的经验，她需要专注在音乐指挥方面。

学生也可以一起制定班级标准和优秀作业的标准。通过这种方式，学生们盲评彼此的课堂作业，以便更好地了解他们设立的目标。这样做，学生对优秀作业的理解大致上与教师的理解相近了。例如，多伊尔女士5年级的全体学生在写作目标上达成了一致：根据老师的提示，每篇作文写三到五段，错误不能超过三个。尽管这样的目标仅是优秀文章诸多标准中的一部分，也没有涉及如语态、过渡、主题的陈述和推演等方面的要求，但多伊尔的学生至少会注重文章长度，而且避免出错。而他们之所以能在这两方面得到提高，主要是因为他们自己设定了写作的首要目标。

在设定目标的过程中，学生的参与是很重要的。如果学生们清楚最终目标所在，他们会每天努力完成当天的任务，逐渐地向最终目标迈进。这就像俄罗斯套娃，一个套一个，完成每天的学习目的都是为了实现我们与学生一起设置的最终目标，而这些最终目标都服务于一个更大的学习目标，达到年级学习水平的要求。

⚙ "我可以……"

实践表明，用学生感到亲切的语言进行目的表述，可以帮助学生了解他们应该学会哪些知识，以及将要学习哪些内容。说到用学生感到亲切的语言描述学习目的，其实很简单，就是以"我可以"或"我正在学习"开头来陈述目的。对于一些生僻字，可以根据学生年龄做适当的解释，设置的任务中要有可以观察到的活动。我们特别喜欢为学生们把目的表述改成"我可以"的说法。我们认为，用"我可以"的形式陈述学习目的会让学生有机会积极地思考未来。这有点像人们所熟知的自助式建议，鼓励人们想象在未来他们已经完成了他们现在努力做的事情。目前已有证据显示，关于未来的正面思考在很多情况下都是有效的。

在描述学习目标的时候，使用积极正面、着眼于未来的措辞，会让学生知道当下所进行的学习活动能让他们有哪些收获。或许他们不能马上完成某项任务或掌握一种技能，但想象一下在未来他们可能会取得的成就，会激励他们更有动力去努力。维吉尔在几百年前就说过："想到，所以做到。"（"我可以"目标样表见示例5.2）

示例5.2 "我可以"目标样表

我可以说出小说和非小说文本的区别。

我可以通过故事中已发生的事儿预测出将要发生什么。

我可以概括主要人物的行为，并引用原文证明我的观点。

我可以判断人物行为的原因。

我可以描述作者如何运用语言，以及他们的语言如何影响读者。

我可以通过字里行间的隐含意义和推理的方法探讨有关信息、人物情绪、感受和态度。

我可以用非小说文本中的语言特点帮助我理解较长的文本。

我可以描述和评价不同作家的写作风格，并找到例证证明我的解读。

4年级的学生在查普曼女士的课上学做应用题，却不知道如何下手。查普曼女士提示他们关于乘法和除法的相关知识，然后以一道应用题为例示范如何做。她说："我可以区别一道应用题应该用乘法做还是用除法做。"然后她请同学们与同桌一起试着做下一道题。大部分同学都能判断出需要用乘法解答这道题，其中有几个同学说出"我可以"的表达。当一个组的同学跟全班一起分享解题方法时，查普曼女士在黑板上写下"我可以"，并让同学们跟她一起大声读出来。当学生们接着做下面几道题目时，查普曼女士分别加入到几个小组中，在适当的时候给予提示或提供解题思路。每次互动中，她都会让学生重复"我可以……"，以便加深对解题过程的理解，并获得成就感。

我们认为，用"我可以……"句式来陈述，是让学生用自己的话去说明目的的第一步。一旦学生了解了目的，他们就能清楚地使用对他们来说有意义的相关词汇来解释和说明他们在学什么。作为教师，我们只需要用问题引导他们思考自己的学习情况。

⚙ "你们在学什么？"

我们已经讨论了很多有关如何让学生学会用自己的话去说明学习目的。但是，在这一过程中，如果大人们不能用恰当的问题进行引导，一切都成了空谈。必须坦率地承认，我们确实问过一些不恰当的问题，并为此感到内疚。所以，无论如何不能回避这一点。很多年前，我们曾与一所小学有过合作。老师们在课程重点部分上投入不少时间，包括设置学习目的。在校长和一个阅读指导员的陪同下，我们在这所小学听课，旨在找到他们实施这种方法的模式，并进一步探讨。我们去过一个3年级的课堂，当时上的课是关于当地印第安部落的，属于社会科学。尽管设立学习目标时我们不在场，没有亲见老师确立学习目标的过程，但是很明显这项工作是做过的，因为黑板上贴着这样的学习目的的表述：

> 我们的目的是了解库米亚印第安人的生活环境如何造就了他们的文化。我们将对我们的发现进行总结并与同学分享。

当我们走进教室时，学生们正在分组学习，每个小组有一幅他们前一天参观的博览园的地图。地图突出表现了当地的土生植物。他们手头还有一份视觉词汇表，上面列着库米亚印第安人用这些植物设计制成的物体的名称。

我们观察了几分钟，南希老师问其中一个组的同学他们在做什么？这组同学立即开始生动地讲解他们所做的工作——推测图片中展示的东西是由哪种植物制成的，并说明如何得出这一结论。他们不过是8岁的孩子，对他们来说，所有的细节都很重要，都值得分享。他们说了好几分钟，甚至急不可耐地打断别人抢着发言。

尽管学生们很积极，但他们的回答让我们困惑。他们的回答根本没有涉及黑板上所列的学习目的。最后道格问道："但是怎么没有谈到人和环境呢？"

大家沉默了。学生们面面相觑，然后有个学生用一种让道格很费解的口气说："哦，你刚才没问我们在学什么，而是问我们在干什么？"

就是这样一个连3年级的孩子都清楚的根本性错误，我们却浑然不觉。我们曾多少次问学生："你们在做什么？"这种问法等于告诉学生，我们看重的是他们是否能完成任务，而不是用任务来鼓励他们学习。这种问法意味着服从和完成任务比设置任务的初衷更重要。从那天起我们就开始问"你在学什么？"，而不是"你在做什么？"

通过提出恰当的问题，我们可以了解到学生是否理解和接受课程的学习目标。我们曾问维卡老师的美国史课上的一名学生："你们在学什么？"他们谈到"新政"。安东尼奥说，他们已经学过"3R新政"，即救济（Relief）、复苏（Recovery）和改革（Reform）。他还说，他们最后可以回答更难的问题——"你会接受新政吗？"马库斯补充说："但是我们今天学的是自由主义思想和罗斯福新政的影响。"贾思敏提到国家确实必须解决经济大萧条，需要新的法律来确保以后再也没有这样的事情发生。她说："但那是改革涉及的内容，我们现在正学习政府如何修改法律来确保不会再有经济大萧条。"

我们接着问了另一个问题："你们为什么要学这些？"学生们逐一和我们分享了他们自己的理由。马库斯说："这是天下大势——不同时期不同的集团掌握政权。要想成功，你就要知道这一点。"贾思敏有不同的看法，她说："但是很多人失业，在那之前的法律起过作用，但到了那时却不再适用了。这就是前总统奥巴马所说的：我们需要新的法律，因为还有那么多人没有工作。"安东尼奥接着说："经济事关重大，因为它不仅仅涉及工作问题，还关乎到谁可以读大学，谁可以贷款买车和房子，关系到人们毕生的积蓄是否一文不值。如果我们不了解这些，我们就会犯同样的错误，甚至会酿成大错，无法弥补。这就是说，要了解过去才能拥有更美好的未来。"

⚙ 结论

在这一章里，我们主要探讨了让学生了解和拥有学习目的的重要性，包括激励机制、鼓励成长型思维模式以及如何用学生们容易接受的语言来表述目的。我们在这里借用马克·吐温的名句："在斗犬中起决定作用的，不是狗的体型，而是它的斗志。"确保学生理解并拥有自己的学习目的，就是让学生树立起好好学习的"斗志"，这与他们的未来息息相关。

The
Purposeful
Classroom

第 **6** 章

学习目的产生学习效果

IDENTIFYING OUTCOMES RELATED
TO THE PURPOSE

作为教师，我们都不愿白白地把时间浪费在设计和执行那些没有价值的学习活动上。我们大多数人都能回忆起在学校读书时参与的一些不太有用的活动。比如，南希回忆起她的中学时代，1972年总统选举大会前的那几个月，她的历史老师让所有学生在笔记本上画两万个气球，这样他们就可以想象这些气球在大选那天从会场的上空放飞的情景。班上立刻活跃起来。学生们课后在笔记本上画满红色和蓝色的圆点，每个圆点还连着弯弯的黑色细线。尽管30年后南希依然能记起气球的数量，但如果当时用画气球的时间和精力来学习总统候选人的选举过程，那该多好呀。即使在班里模拟总统选举，也不会花更多时间，但学习效果就好多了。有意义的任务和令人满意的效果是明确学习目的时必须要考虑的要素，而且两者密不可分。

⚙ 设置有意义的任务

创造性的小组活动能够帮助学生阐明和准确理解他们所学到的东

西。对学生们来说，与同学的互动非常重要，他们可以互相帮助。根据维果斯基（Vygotsky）的观点，同伴学习能把彼此的认知范围扩展到一个近侧发展区间（ZPD——维果斯基关于学习潜能的一个术语。）然而，如果学生们想提高认知水平，达到相邻的更高水平，他们必须彼此合作，有目的地去完成一些任务。通常，当学生置身于小组活动时，他们并不知道这些活动的目的何在，而如果没有一个清晰的目的，那么学生所进行的活动与其说是在学习，不如说是在单纯地服从和完成某项任务。我们一起看看下面这六个鉴定创造性小组活动效果的指标：

1. 任务的复杂度

2. 投入工作的共同注意力

3. 讨论过程

4. 语言支持

5. 小组人数

6. 教师角色

这些效果指标总体表明，正在进行的工作是有意义、有成效的。下面我们就以一位同事的生物课为例，来检验各个效果指标。

10年级的生物教师杰夫·博宁布置了一项学习任务，限时一周。学生在此期间要巩固关于生物栖息地、机体、细胞组织、自然选择和适应性的相关知识。有一天，博宁的学生埋头创造一种新的动物：他们三四人一组，运用关于自然选择和适应的知识，设计出一种根本不存在的动物。其中一组设计出一种生活在海水中的火蜥蜴。博宁老师提出一起谈谈这种动物："你们的火蜥蜴怎么处理吸入的盐分？"小组成员你看我我看你，不知如何作答。老师接着说："两栖动物通常不生活在海水里。下次我们看看能不能解决这个问题。"

另一组的四个学生在教室的另一个角落里写细胞日志，用学到的解剖生理学知识分析他们创造的动物的组织结构，包括它的面部、心脏、精子和卵细胞。" 别忘了精子细胞需要鞭毛才能运动"，克里斯汀提醒她的队友。安东尼奥解释说："我们创造的动物是胎生哺乳动物，所以卵的结构体比较大，数量比较少。"当队员们在讨论这些特征的时候，玛丽琳画出细胞并做出标记。

任务的复杂度

创造性的小组活动是否有意义的第一个鉴定指标，就是任务的复杂程度。设置的任务最好能使学生用一种独创的方式，应用学到的理论和技能。也就是说，小组成员不仅仅是重复教师已经示范过的做法，因为单纯的复制无法让学生实践待检验的理论。复制方法也会降低小组活动失败的机会，虽然失败通常不是我们设定的目标，但事实是，不出错的学习不可能取得丰硕的成果。学生们需要机会去尝试，有时候会失败，这样才能获得正确的理解。虽然失败本身没有意义，但是改正的过程却能让学生学到很多东西。这就是为什么需要在学生失败后再给他们一次尝试的机会。这种失败是有价值的，它让学生

思考怎么才会成功。

以博宁老师的学生为例，那个小组第一次尝试设计一种海生火蜥蜴的时候失败了。然而，正是这个失败的结果让学生开始关注一些新的知识，如渗透性、离子交换、能处理盐度增加和含氧量减少的细胞结构。正是因为初次尝试失利，我们才能发现学生们对概念的错误理解。这组学生开始意识到，他们创造的生物需要淡水环境才能生存和繁殖。

共同注意任务和材料

当全班同学都置身于创造性的小组活动时，老师不可能同时出现在每一组。所以，教师必须要能分辨各小组的活动是否有效果，特别是离得最远的小组。在教师进行指导的阶段，学生对任务和资料的共同注意力是一个不可缺少的成效指标。这就是说学生的肢体语言和目光都要集中在手头的任务上。此外，各小组成员的行动要有协调性和目的性。如果个别学生独坐一边，远离队友，双臂交叉抱在胸前，眼睛盯着别处，他的学习活动可能不会很有效果，这也说明当时的活动意义不大，至少对这个学生而言是这样的。

教师应该听一听学生之间的交流，从中看出小组活动的效果如何。谈话应该基本上围绕着主题进行，学生应该互相提问，同时提出各自的观点并进行总结性发言。最重要的是，教师应该留心注意学生如何综合信息，因为综合的过程会促使他们提炼知识。这也让我们有机会进一步观察学生是否理解他们做这些活动的目的。当安东尼奥谈到他们组创造的哺乳动物的天性和生殖细胞的特点时，他综合分析了几个不同知识库的信息。他的总结为队友们提升认知水平提供了必要的支持。

讨论

为了达成一致，学生在进行创造性的小组活动时，需要挑战彼此的观点，但不可发生争执。他们可以不认同彼此的观点，提供例证来说服队友，说出自己的意见，并根据其他队友的信息调整自己的观点。教师通常要制定小组规范，规范小组活动的社交行为，也包括教师的指导和示范，即如何分享成功和失败，如何制定决策，如何轮流工作及如何主动倾听等方面。

博宁老师发现，非常有必要示范如何处理冲突。自这学年起，他示范、演示并探讨了解决分歧的六个方面：

◆ 倾听他人的观点

◆ 不要说伤人的话

◆ 说明自己的观点，但不要抵触不同意见

◆ 既要关注自己承担的任务，也要关注其他人承担的任务

◆ 大方地接受小组的决定

◆ 重新开始工作

"我认为我教会孩子的最重要的生活技能之一，就是如何化解冲

突。"博宁老师告诉我们。"他们还年轻，无论上大学还是踏上工作岗位，都要与人共事。如果他们不能平静地解决分歧，就没有人愿意与他们共事，他们会因此失去很多机会。我不仅是在教他们生物，也是在教他们如何与他人合作。"

语言支持

正如我们在第3章中谈过的，目的表述、修辞性言语结构以及学习活动涉及到的专业术语，都应该通过一些视觉手段和文字说明进行解释，确保学生能够理解。博宁老师习惯把学习目的贴在白板上，这样学生在整个学习过程中就能够不时参照这些目的进行自查。关于这次生物课的项目，他贴出的学习目的如下：

> 运用自然选择、适应、细胞生物学和有机体与环境间的互动等相关知识，设计一种新的动物。在设计这个根本不存在的动物的过程中，你将有机会不断地复习这些知识。

博宁老师每天都引导学生注意他们需要的词汇，比如提醒他们，在关于细胞的日志正文中，需要用到体内平衡、细胞器和组织这些词。

博宁老师还在教室里贴了一些句子结构，这样学生可以在他们的书面作业中使用更复杂的修辞结构。例如，在任务中的适应性部分，可以用到如下句子结构：

> 自然选择影响_____特征的出现频率，这是因为_____。这些特征包括。导致这些变化的原因是_____。这样，有些成员因为_____而存活下来，然而有些则因为_____而灭绝。因为生殖差异，导致了_____的初级选择。

此外，博宁老师用简单的语言帮助学生理解。"在每天的学习中，我用彩色的笔标注学生的学习任务单，这样他们就可以很容易地找到任务。"他笑着说，"如果他们有遗漏，我就让他们看那张浅绿色的纸，这样可以让他们的条理更清楚。他贴出了日程表，在每项任务的旁边标注了建议时限，并摆放了一个计时器，显示已经用过的时间。用不同颜色标注的任务单、日程表和计时器为各个小组提供了额外的学习框架，能够帮助学生专心学习。

分组

分组要有目的性，这样才能最大限度地发挥队员的优势，而不是一味地放大需求。这就是说，分组时各小组的成员间要有差异，避免优势资源都集中在一个小组，而另一个小组的资源却相对匮乏。如果小组成员间没有什么区别，那就应该让任务本身有一些变化。此外，小组的人数应该控制在2~5人，这样才能做到有效互动。一直以来，经验告诉我们，如果小组人数过多，一些成员就表现得不太积极。

虽然我们建议每组2～5人，但并不是说各小组人数必须一样；有些学生在人多时表现好些，有些在人少时表现好些，完成同样的学习任务，小组人数不见得要相同。

小组划分的依据是评估信息以及对学生已有知识和行为的观察报告。博宁老师用之前的评估结果为依据进行分组，所以小组成员关于不同主题所掌握的知识呈梯度分布。例如，曼德琳对细胞结构掌握得很好，在大家写关于细胞的日志时，她的优势就发挥出来了；但是她对适应性的章节掌握得就没那么好；克里斯汀是这个小组里的另一成员，对适应性掌握得很好，可以帮助曼德琳理解这个重要概念。这组学生创造的动物是一只大鸟，跨颅骨长着骨质的冠子，之所以有这样的特点，是因为雄性大鸟在交配期有善于攻击的倾向。在用教师给出的段落模板写报告时，克里斯汀跟曼德琳能够和其他队员一起，清晰地阐述公鸟第二性征的作用。

教师的作用

最后一个质量指标是关于教师是如何支持、帮助和引导学生学习的。关注学习环境——包括噪声等级、学生的走动、学习材料的分发都很重要。但仅注意这些是不够的，教师的作用之一是要检验前面几项质量指标：以言语互动为主的学生间互动是否有意义？大家有没有共同关注学习任务和学习资料？是否忽略了需要解释说明的语言表述？

除了评估小组活动进展外，教师的另一个作用是在小组范围内给予必要的指导。博宁老师在学生试图设计一只海生火蜥蜴时就给予了指导。为了确保学生的理解是正确的，他问了一些有建设性的问题，提供认知提示和元认知提示来激活学生的背景知识，鼓励学生去考虑渗透过程中细胞的生化过程。如果他们不明白离子交换的细节，博宁老师就把他们带到教室里的一张海报前，上面有这一过程的图解。通过这种提示，关于盐过滤的知识就凸现出来了，学生开始注意本来漏掉的信息。当博宁老师发现学生需要更多的指导时，又用了几分钟解释为什么很少有两栖动物生活在海洋里。通过这种有指导性的交流，博宁老师可以给学生提供一些材料，让他们了解到所需要的信息，从而进一步纠正和改正他们的工作。这样，起初的失败也变得有意义了，最终帮助学生取得了成功。

当学生们执行一项有意义的学习任务时，他们开始动手并学习知识。创造性的小组活动是作为一个更大的教学框架的一部分设计的。它要求学生在与彼此的互动、与教师的互动以及与知识内容本身的互动过程中，积极实现任务的意义。这种任务应该围绕最终的成果展开，这种成果应由学生做出，并由教师评估。

⚙ 反馈学习成果

如示例6.1所示，影响学习成果的因素主要有四组：社会因素、课程因素、与教师相关的因素以及与学生相关的因素。尽管其中有些因

示例6.1 影响学习成果的因素

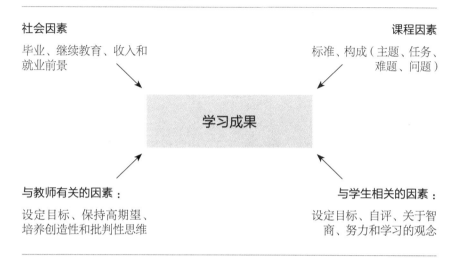

社会因素
毕业、继续教育、收入和
就业前景

课程因素
标准、构成（主题、任务、
难题、问题）

学习成果

与教师有关的因素：
设定目标、保持高期望、
培养创造性和批判性思维

与学生相关的因素：
设定目标、自评、关于智
商、努力和学习的观念

素是我们教师无法直接控制的，特别是社会因素，但我们还是可以影响很多其他因素，尤其是与教学设计和重要课程有关的因素。那些我们无法显著影响的因素，我们用对学生的了解来弥补。

为培养学生的学习能力而同学生进行的对话，会对教学产生极大影响。对话中的三个过程是：

1. 确立目的：确立学习的目的和实用性，回答"我要学什么？"的问题。

2. 目的反馈：向学生提供关于其学习进度的信息，回答"我学得怎么样"的问题。

3. 目的前馈：帮助学生确定下一步的任务，回答"我接着学什么？"的问题。

到目前为止，这本书的大部分内容是围绕学习过程展开的，我们会在下一章谈论目的前馈过程。现在我们主要谈反馈过程，因为这个过程清楚地反映了学生通往课程最终学习成果的学习过程。

反馈的类型

学生在学校接到的反馈比教师通常想象得要少。这或许在某种程度上来源于一个误解——只有教师才能给予反馈。但事实上反馈可以由同学，甚至是学生自己给出。

界定什么是反馈很重要。反馈不是奖励、分数、作业上的笑脸、表扬、在休息时延长玩乐的时间。奖励会破坏学生的学习动力，无法给学生有用的指标来判断他们离达到学习目的还有多远。告诉一个学生"做得好！"会让这个学生很迷茫——哪里做得好？是发音，流利度，还是仅仅因为我按要求做了？

最事与愿违的几种反馈类型包括容易被学生当成批评和干涉的反馈、把学生的分数与其他同学做比较的反馈、模棱两可的反馈、以及在学生埋头解决问题时生硬地插入的反馈。最好的反馈实际上是逐渐形成的，这种反馈应该出现在学生的学习过程中，而不是在一切几成定局以后。反馈也不是不加掩饰的行为管理。示例6.2对目标和反馈的关系作了图解说明。

教师可运用四种特别的反馈：关于任务的反馈、关于任务处理的反馈、关于自我管理的反馈、关于自身的反馈。要记住，如果做得不

示例6.2　反馈的模式

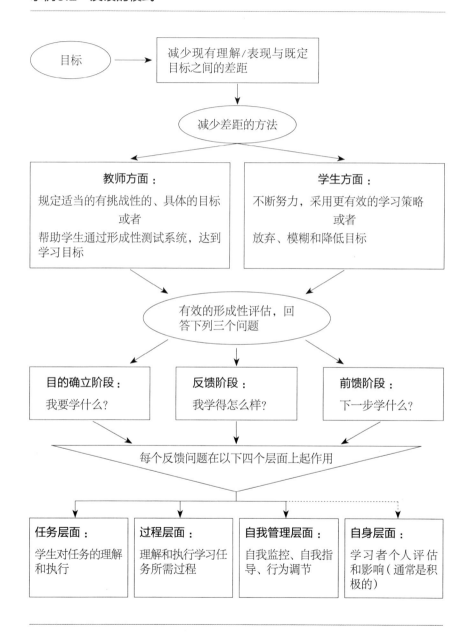

好，每种反馈都会起到负面作用。最有效的反馈能告诉学生进展得如何，鼓励他们自我管理。

◀》 **关于任务的反馈** 关于任务的反馈——有时候也称作纠正式反馈——是一种最普通的反馈形式。这种反馈通常是表现性的，比如大声朗读、演奏乐器，或解决一道数学题。这类反馈一般会根据表现的准确度做出。

关于任务的反馈不宜过于冗长和复杂，否则会妨碍学生正确完成任务，因为冗长的回答，会让学生疑惑，或者使他们不想听下去。还应该避免过于针对个人的反馈，因为这种反馈可能跟任务本身没有太多关系（例如：你真聪明！你做的方程式太正确了！）。但是，如果仅仅孤立地对任务本身做出反馈，特别是针对出错的地方，就可能会导致学生在心里对自己做出苛刻的评价。我们不应该刺激学生对自己做出"我太笨了，连这个都不会做"这种评价。消极的自我对话和消极反馈之间有密切联系。

在教学周期内选择适当时机给学生反馈也很重要，这是因为纠正式反馈在学生刚刚学到新概念和新技能时最有效。（如果学生面临的主要问题是知识的匮乏，那所有的反馈都是没有用的；学生需要学习或者重新学习必要的知识。）

◀》 **关于任务处理的反馈** 关于任务处理的反馈非常有价值，因为它鼓励学生思考"意义（理解）的实现"，并涉及到各个方面的关系、认知过程，以及向其它更难的或尚未尝试的任务的过渡。这种反馈包含口头反馈和书面反馈两种，能够提醒学生注意学习中出现的错误，并启发学生找到解决问题的策略，如判断一段文章的重要性、联系其他文章和经验思考、视觉化学习内容等。这些策略应该有助于解决理解上的困难，而不仅仅是作为读书时遵循的一些步骤。

知道如何运用解决问题的策略，就意味着理解得更深刻。向学生提供反馈，让他们学会运用这些策略，更深刻地理解学到的知识，可以引领他们继续学习新的知识。当老师发现一个学生在用错误的方法计算数学题的时候，说："在你把这些数字加起来以前，先考虑如何把所有分数通分。"这样，老师把学生的思路引到解题策略上。这种反馈能更好地帮助学生在下一次做异分母分数相加的题目时，找到做题的方法，这比仅仅针对任务本身做的反馈（"答案是不准确的"）更加有效。

◀))) **关于自我管理的反馈** 这种反馈能激发学生的元认知和自我管理的行为，尤其是能培养学生的毅力。正如我们之前提到的，如果学生知道他们的表现取决于他们付出的努力，而不是天分，就容易改正自己的错误，达到更高的水平。我们给学生的反馈应该让他们更加了解他们可以怎样影响自己的学习。当我们给一个学生反馈时，说："你在讨论中做的解释，帮助我们每个人理解了这个概念。"这就让她知道，她的参与对全班同学来说是很重要的。有时这种反馈更是行为上的。当道格发现一个学生与他所在的实验小组保持距离时，他走过去把手放在这名学生的肩上，低声说："你把椅子从桌边往后撤，就没法了解这两种化合物如何相互作用了。如果你参与到小组活动中，你就可以跟你的伙伴们一起学习了。"帮助自己是一项重要的生活技能，一些学生苦求不得。我们正是希望学生能够看到，如何通过自己的行为正面积极地影响自己的学习。

🔊 **关于自身的反馈** 这种反馈没有其他几种有效，这主要是因为它给出的信息没有太大的实用价值，通常为一般性的表扬，像"做得好！"或"你真棒！"之类的。我们应该一直鼓励我们的学生，但是这种模糊空泛的赞美之词对学生的动力、参与度和学习都起不了什么作用，或者说根本没有作用。涉及到学习任务、任务处理、自我管理的具体反馈会更有效。举例来说，告诉一个学生，"这个星期你参加了三个专题报告，这种努力一定会体现在你的考试成绩上。我佩服你的决心。"这样的反馈会被学生理解为一种告诉她如何继续自我管理的建议。

关于反馈的研究是复杂的，但可以概括出几个要点。首先，反馈的同时要指导下一步该怎么做，这样才最有效，比如，提示学生错误出在哪里，如何去改正；第二，如果反馈仅仅着眼于学生的能力，那么它的有效性就会降低，但如果反馈关注学生付出的努力，就能发挥更大的作用，因为这样有助于帮助学生进行自我管理；最后，不能混淆反馈和表扬，虽然表扬也能起积极的作用，但却无法帮助学生们了解自己真实的学习情况。

反馈的标准

学生辛辛苦苦做完一张卷子,老师却只给出一个模糊的评语和一个分数,没有什么比这更让人沮丧的了。我们很多人都曾有过这样的经历:拿回一篇文章,上面仅有红笔做的几处标记,在一些不规则的句子下面划着几道线,在空白处写着AWK(后来我们才知道那是"生硬的"意思),在页脚处有个分数。有效的反馈应该(1)及时(2)具体(3)易懂(4)可行。

 及时 反馈的时机跟正在发生的学习有着直接关系。我们都知道不能等到作业快被忘光的时候才给出反馈——对六个星期前写的作文进行反馈已经没有什么意义了。但是人们通常不知道,根据学生在学习周期中所处的位置选择反馈的时机才是明智的。我们在前面已经讲过,在学生刚学到新知识和新技能时及时进行反馈是最有效的。这就是我们为什么倡导形成性而不是终结性反馈的最有力的理由。

10年级的英语老师希瑟·安德森跟学生一起举办了一次写作座谈会。她准备了一张简单的检查清单(见示例6.3)让学生在会前使用。她并不要求学生逐条阅读这张清单并严格按照这些条条框框去评估,而是要求学生利用这张清单自己决定该怎么写作文。她告诉我们:"这也让我不必把重点放在写作套路等类似的简单问题上,而是在座谈的时候专注于更复杂的内容,比如论证、论点、论据等。"

示例6.3 写作讨论清单样本

英语课：_____

清单/评分规则：通往幸福之路可以用金钱买到吗？

_____ 我的文章主题是"通往幸福之路可以用金钱买到吗？"（3分）

_____ 我的文章最少分为5段（5分）

　　　　_____ 导入段

　　　　_____ 最少三段正文

　　　　_____ 结束语/概括段

_____ 我的文章格式规范（16分）

　　　　_____ 正文用新罗马字体，12号字，两倍行距

　　　　_____ 右上角写名字、日期和课时（单倍行距）

　　　　_____ 题目居中，位于文章开头

　　　　_____ 各段缩进

_____ 我的文章最少有两处引用。（10分）

_____ 我的文章有"参考文献"页。（5分）

_____ 我的文章拼写正确，没有常见错误。文章说理有据，始终围绕主题展开。

（20分）

_____ 最少三人，包括我自己，修改校对过我的初稿。考虑了文章是否有理有据，

　　　　是否回答了基本问题，拼写和标点符号的使用是否规范。（6分）

签字

_____（自己签名）（2分）

_____（同学签名）（2分）

_____（师长签名）（2分）

安德森老师发现，每周跟学生开专题讨论会比简单地给学生的作文打分更有效。"真的，对学生来说，分数来得太迟了。"她说，"写完作文之后才给出反馈意见，学生们还能做什么呢？分数只是一种事后的评价。实际上，学生交作文时，应该就可以预测到自己能得多少分了。"

🔊 **具体** 模糊的反馈对任何人来说作用都不大，更不用说当学生试图掌握新知识的时候了。实际上，如果反馈不够具体，学生会把它理解为一种负面的反馈。当老师说"很好"却又没有给出其他信息，学生很可能在心里暗自揣测她是不是做得不好，或者能力不足，或者老师对她的期望不高。而具体的反馈可以指导学生下一步怎么做。

2年级老师罗伯特·罗德里格斯在指导一个小组的阅读时，提醒自己，给学生的反馈应该具体并且有针对性，比如，一个学生朗读时不知道用什么语调，罗伯特就告诉她，"当你看到引号时，就要用说话的口气朗读。让我们再试一次。"另一个学生读不好句子中的"日历"一词。"你读那个单词有困难，是吗？"罗伯特·罗德里格斯老师问，"试试把单词分解开，大声读出每个音节。这样你可以听到该怎么读，我肯定你可以。"

课后，我们同罗伯特·罗德里格斯老师进行了交流。"我尽量给学生更具体和更有针对性的反馈，这样他们就可以把重点放在出错的地方，并加以改正。"他说，"对我来说，这样做可能更麻烦一些，因为只给他们答案简单多了，但是这会督促我弄清楚如何做到有针对性地反馈，并且告诉学生下一步该怎么做。"

🔊 **可行**　罗德里格斯老师的话提到有效反馈的第三个条件——可行性。仅仅提供正确答案是不够的，反馈时应该建议学生下一步应该怎么做。通过指导，教师能够让学生认识到，犯错是一时的，他们有能力改正。具有可行性的反馈举例如下：

> ◆ 重新阅读最后一段，看看你的答案遗漏了什么。
>
> ◆ 试着大声朗读你刚写的段落，这样你可以知道它听上去怎么样。
>
> ◆ 到这一步都是对的，但当你把变量带入后就出现了计算错误。再检查一下你的算法，我相信你会找到错误。

尽管这些例子的内容各异，但有一个共同点：它们都没有给出答案，而是告诉学生接下去应该怎么做。重要的是，这种反馈可以照顾到那些面对较多任务却不知道从哪儿入手的学生。告诉学生："最后三道题的答案错了，试着再做一遍。"这种反馈会给学生留下太多任务，可能无法完成。而如果对错误进行分析，并指导他们下一步怎么做，就能激发学习者需要的认知动力，更长时间地承担更复杂的任务。

🔊 **易懂**　反馈应该与学生的发展需要、语言需要和认知需要相匹配。例如，如果英语非母语的学生得到的反馈有书面和口头两种形式，那么他们就不需要额外记忆更多的东西。

类似安德森老师在布置英语作文中使用的评价准则和清单，就能帮助学生更好地理解教师的反馈信息。一些更简单的做法同样能起到这种效果，比如布莱恩·伊士曼的7年级社会学课，伊士曼的很多学生为英语非母语学生，所以他知道，反馈时需要使用多种形式。"我所有的学生的笔记本上都有一个'要做……'的部分，"他说。"每学年开始的时候，我让他们把笔记本的后20页留出来。每次我跟他们交流时，哪怕只是我在他们的课桌旁稍作停留，我都会让他们打开'要做……'部分。当我给他们反馈时，我也会给他们列出讨论的内容。我会标上日期，这样就不会跟其他谈话搞混。"

关于生物设计任务的反馈

在本章前面的部分，我们讲述过博宁老师为生物课的学生设计的一项任务，以便学生了解影响生物体发展的生物和环境因素。因为博宁老师深谙反馈对保证学习效果的重要性，他确保每节课和每组学生至少交流两次。他知道反馈必须及时、具体、可行并且易懂。当他跟一个小组的学生交流时，他说："我能看出，你们已经找到了这种生物生存环境的基本信息，也知道它对饮食和栖息地的需要。但是现在我想知道，它如何保护自己？你们列出了它的捕食者，但我不确定它能如何保护自己。你们讨论一下这个问题，10分钟后，我回来听听你们的结论。我相信你们集思广益一定能找到正确的答案。"

在这个例子中，博宁老师的反馈既着眼于任务本身，又关注任务的完成过程。此外，他没有主观地给出个人意见，而是提示学生自我调整，通过自己的讨论找到答案。

⚙ 结论

当学生们参与学习任务、作业和活动时，应该给他们机会与同学和老师互动，并参与课程的设置安排。因为这种互动能够使学生处在最佳发展区域，保证学生深刻理解学习内容。有意义的学习任务给学生创造了使用学术英语和参与辩论的机会，这都是学生以后进入大学学习和工作所必需的技能。

如果我们的学生执行的学习任务有意义，能收到适当的反馈，又知道自己做得怎么样，就会忍不住想学习。我们想起加拿大哲学家马歇尔·麦克卢汉的一句话："你真正理解的远没有你体验过的多。因此，是你的亲身体验，而不是你的理解，在影响你的行为。"作为老师，我们的目标是让学生理解所学的知识，但是我们给学生的每一次体验活动都会塑造他们的行为，这就是为什么我们要确保学生们参与的活动都必须是有意义的。

The Purposeful Classroom

第 **7** 章

用学习目的验证学习效果

KNOWING WHEN A LEARNING
TARGET HAS BEEN MET

作为教师，我们需要一些方法来判断学生是否实现了已确立的学习目的。如果每节课都有明确的学习目的，我们就可以确定一些方法，帮助学生验证他们的理解是否准确。但如果没有学习目的，就很难确定可以验证学习效果的依据。关于学生对所学内容的掌握情况，有很多验证方法。在这一章里，我们将关注其中的部分方法。本章内容分三部分，分别讨论教师评估、学生互评和学生自评。

⚙ 教师评估

教师评估学生表现的方法有很多，既有终结性评估，也有形成性评估，关键在于确保评估与课程目的密切结合，比如选择题考试在有些情况下有效，而在有些情况下却效果不佳。这不是因为选择题考试本身好或不好，而是在于它能否给教师提供足够的信息，来证明学生们已经达到了目标。教师可以通过非书面或书面形式来评估学生的学习。下面我们来探讨一下这两种评价形式。

非书面评价

口头评价和其他非书面评价是确定学生完成课程目标的最常用方法。我们提出问题，让学生们讨论，请他们表达自己的想法，并加以论证。有时候，这种讨论是以个体为对象进行的，尤其是当我们有机会与学生单独交流的时候，但更多时候，我们的评价不得不依赖学生集体反馈的信息。下面所列的检验方法分为言语和非言语两种方式，可以向教师和学生提供一些信息，来判断学习目标是否完成，在哪些方面还需进一步指导。

 用手指示意 这种方法适用于同时检验全班同学的学习效果。当老师提问时，同学们举起手，并用竖起的手指的数目表示回答。比如，亚当斯老师可能会问下面的问题："我们学会了吗？现在，如果你还是弄不懂电子流的话，就举起拳头。如果你仅仅是稍微了解电子流的概念，就竖起一个手指。如果你完全理解了，而且能向我或其他同学讲解，就竖起五个手指。如果介于这之间，就根据你理解的程度伸出两个、三个或四个手指。"亚当斯老师环视教室，马上看到大部分学生都是伸出四个或五个手指，即达到完全理解和大部分理解的水平，但还有三个学生举起拳头或一个手指。

虽然伸手指的方法从本质上讲是一种自我评价的方法，并且需要结合其他方面的信息进行判断，但通过这种方法，教师能即刻知道哪些学生需要关注。

◀)) **复述** 复述是一种相当简单的常规性课堂活动。通过复述，学生可以分享他们对某一话题或文章的理解。通常是老师先示范复述，然后再请学生自己复述。这种方法多用于单个学生，也可以用于学生小组。复述是按一定的顺序说明事实，可以在课堂上服务于不同的学习目的。这种方法无疑可以用来检查学生对文本信息的理解。例如，谢莉·麦圭尔老师想知道学生是否理解了视频中关于循环系统的信息，于是她请学生根据记忆进行复述。在复述之前，她给每位学生发了几张纸，上面写着视频里出现的关键词，然后让学生按照这些词在视频里出现的顺序给它们排序。麦圭尔老师通过学生的复述，判断哪些学生需要另外辅导，哪些学生已经完成学习任务。示例7.1是一个量化评价表，教师可以用来检查学生的复述是否准确。

◀)) **学生有声思维** 教师通常会在重要的课上示范有声思维。逐字说出你的思维过程是一种非常有效的方式，能帮学生们消除对思维本质的错误理解。有声思维通常是以第一人称进行的（如，"当我读最后一段时，我才意识到男孩描绘的旅行实际上是一场梦"），再现了引领说话人得到某一结论的认知过程（如，"我认识到那是一个梦，因为我开始回想文中提到的地方，意识到那个男孩根本不可能去过那些地方"）。当学生们进行有声思维的时候，我们会发给他们很多便利贴。有时候我们会标出读本中的一段文字或划下一个句子，请学生在便利贴上写下他们阅读这些文字时所思考的东西。学生随后把便利贴粘在读本上交给我们。从这些便条上，我们能看出学生对这堂课的学习目

示例7.1 信息文本复述量化评价表

要素	优秀（3）	合格（2）	待提高（1）	分数
重点内容	你的复述中涵盖了文中的所有重点内容。	你的复述涵盖了文中的部分重点内容。	你的复述应该涵盖文中的一些重点内容。	
细节	你的复述提供了每个重点内容的相关细节，能帮助他人理解文章。	你的复述提供了文中一些重点内容的部分相关细节。	你的复述需要把细节和重点内容结合起来。	
顺序	你的复述前后有序、条理分明，能帮助听众理解信息。	你的复述能够提供信息，但是顺序有些乱或次序颠倒。	你需要按顺序复述，以便听众理解。	
结论	复述的结论部分与你提供的信息有直接联系。	你的复述里有总结性的句子。	结尾处你需要把重点放在全文章的主要内容上，需要你汇总文中信息并总结概括。	
表达	你的陈述有节奏、很流利，表情和手势恰当。	你的陈述中，节奏和表达基本恰当，也使用了一定的手势来表达。	你应该在陈述过程中注意表情和手势。	

的理解得怎么样。

🔊 **提问**　另一种检查学生理解与否的方法是提一些与课堂学习目标直接相关的问题。在第2章中我们谈到过的21世纪修订版的布卢姆教育目标分类学，提供了一种跨知识领域组织问题的有效方法。为了使我们设计的有效问题得到高质量的回答，教师在提出问题后要给学生留出足够的时间思考，通常是沉默5～7秒，学生回答后也要留出一段时间。教师常常忘了在学生回答问题后留出一点时间，但这样做是必要的，以免不小心打断学生的回答。如果所提问题涵盖的内容丰富，而学生又有足够时间来回答的话，他们通常会补充更多的信息。这种扩展出来的答案能给我们更多信息，判断学生对学习目标的掌握程度。

还有两个提问方法也可以进一步揭示学生是否理解了所学内容，即问答关系法（QAR）和询问作者法。问答关系法旨在培养学生找到准确的资料回答问题的能力。问答关系法把问题和答案分为下面几类：

1. 在文中的问题/答案：学生直接从文中引用一句话即可回答问题。

2. 需要思考和搜索的问题/答案：答案就在文中，但学生要思考和搜索文章的几个段落和几页才能得到答案。

3. 来自作者和你本身的问题/答案：学生既要利用文中提供的信息，又要结合自己的个人经历来回答问题。例如，问题"你会做同样的决定吗？"要求学生既要理解文中所描述的决定，又要结合自身经历形成一个自己的观点。

4. 在你自己头脑中的问题/答案：答案跟原文无关。例如，你有没有在某个时候……？

艾斯特·费尔斯通老师教的是4年级的学生，其中很多是英语非母语的学生。学年伊始，她就先让学生们了解问答关系框架，这样他们在找答案的时候，可以有意识地应用这一关系，去定位与答案相关的信息。她发现这种框架在学生参加考试和其他正式测评时格外有帮助。"我设计自己平时组织的考试时，尽量接近国家统一考试，"她说，"我通常会给他们一段文字阅读，然后回答相关问题。我会多列出一个空格，让他们用缩写标明每道题属于哪种问题答案关系。我不仅请他们写出答案，还要写出答案的来源。这样，无论他们的答案是否正确，我都能知道他们答案的出处。"

第2章中提到的共同核心标准有一个重要的变化，就是要求学生能够仔细阅读，以便进行分析和讨论——既能理解文中的信息，也能理解作者意图，并且在有些情况下能把文中信息放在历史、文化、政治和社会背景中去思考。下面是一些"询问作者"的典型例子：

◆ 你认为作者想表达什么？

◆ 这里作者的用词很有意思。你认为她为什么选了这个词？

◆ 思考当时作者所在的国家发生了什么，从土地所有者的角度来看，你怎么理解最后一段？

教授8年级的社会学老师明迪·勒知道，"询问作者"类的问题需要思考，所以她在课前设计好一些此类问题。"我用'询问作者'问题帮助学生理解《独立宣言》。"她说，"对这么大的孩子来说，《独立宣言》无疑是乏味、陈旧的东西。我想让他们把《独立宣言》作为一种有关反抗行为的知识来学习，而事实上也是如此。"她甚至找学生扮演《独立宣言》的一些签订者。"我把他们分成小组分别扮演不同角色，让他们用我设计好的问题互相提问。"每个小组都事先拿到一小段人物传记来讨论。有一个问题是"为什么你会冒着生命危险在这份文件上签名？"看到这个问题，扮演新泽西州代表理查德·斯托克顿的学生纷纷发言。一个学生代表小组发言，他说："我是一名律师，也是一名法官，我总希望我们可以和平解决与英国之间的问题。但是行不通。印花税事件更印证了这一点。我希望成为殖民地的第一个在宣言上签名的人。"明迪·勒老师给学生提供了一些传记信息，帮助学生了解了签订者的生平，这样就可以确保学生更深刻地理解这份具有划时代意义的文献。

书面评价

书面评价是所有教学活动中的重要内容，其优势在于，书写的东西保留时间长，教师可以据此彻底检查学生的学习情况，而口头表达留存时间短，等老师结束了一天忙碌的教学工作之后，很难记得清楚。然而，如果学生写的东西过长，也会造成困难，特别是对那些一天要面对150左右个学生的中学教师。正如我们在第6章中所说的，只有及时的反馈才是有效反馈，才能对学生有帮助。解决这个问题的一个方法，就是让学生完成一份简短的书面作业。要记住，完成这类作业是为了确定学生是否达到了当天的学习目标。

🔊 **写标题**　9年级的地球科学老师亚当·瑞尼克也是一个户外探险家，总是尽可能把外面的世界带到他的课堂上。他在假期的时候会到遥远的边境旅行，拍下周围的环境，用于课堂教学。有一天，他需要介绍风化和侵蚀概念，于是准备了幻灯片视频展示他拍下的关于地质构造的照片，一边给学生展示幻灯片，一边解释每种地层是什么，位于哪里，是如何形成的。在重新播放幻灯片之前，他向学生说明，他将会随时暂停播放，要求学生给当前幻灯片加上标题，而且要使用课上已经讲过的术语。每次瑞尼克老师停止播放时，一桌学生就马上凑在一起，讨论合适的标题，然后写到笔记本上。下课后，瑞尼克老师通过检查这些标题，看学生是否掌握了新的词汇，能否准确描述地层。

🔊 **写总结**　准确总结的能力大概是学术写作中最重要的能力了。在每个内容区域内，学生都要消化大量信息，然后把最重要的内容梳理组织出来。书面总结是检查学生当天学习成果的一个很好的办法。可以采用"下课前小测验"的形式，让学生在离开教室或转入下一个学习内容区域前交给老师。世界史教师乔·谢弗每周都进行几次"下课前小测验"，来判断哪些学生已经完成了学习目的，哪些学生还需要进一步指导。有一堂课的内容目的是调查1918～1919年间的流感在结束第一次世界大战中起的作用；目的表述的语言部分是让学生用注释论证自己的观点。学生先研究了那个年代的第一手文献资料，听了病毒学家和历史学家的讲座，然后分小组讨论他们了解到的知识。最后，围绕"是流感结束了一战吗？"这个问题，他们需要写一小段总结性的文字，在下课前交给老师。下面是艾哈迈德写的总结：

> 我认为当时的流感就像压倒骆驼的最后一根稻草。当时的德国已是民情激愤、饿殍满地，德皇已经焦头烂额。后来美国参战，因其骁勇善战，给盟国造成更大的压力。更糟的是，流感悄悄地来袭，殃及到每一个人。在1918年的时候，情况还好，但后来流感肆虐，很多人在一夜之间病倒。可恶的流感菌株让很多15～34岁的年轻人失去生命，而军中的士兵多是这个年龄段。我认为好像是流感给德国人造成"心理刺激"，使他们难以忍受，迫使德军逃离战场，在1918年投降。

　　谢弗老师利用课间快速地读了学生下课前交上的总结，以便大致了解学生已经学会哪些知识，还存在哪些错误的理解，这让她有机会调整下一堂课，并在第二天的课上重新强调一些概念。随后，她参照示例7.2中的标准给学生打分。她注意到艾哈迈德在总结中用了不同句式。她最高兴的是看到他准确地使用了专业术语，并且恰到好处。他甚至使用了之前一堂课上谢弗老师讲过的术语"心理刺激"。更重要的是，艾哈迈德综合了几堂课学过的知识，而且"下课前小测"中第一个概括性的句子非常新颖。这篇总结让谢弗老师知道，艾哈迈德已经掌握了历史学习中一个复杂时代的方法。

🔊 **造句**　在每个内容域内，学生都必须掌握学科词汇。但是单独教词汇是没有什么效果的，简单整理出来的词汇表中并没有可模仿的例句说明每个词汇到底应该怎么使用。学生需要用词汇表达自己的想法，因为词汇能表达它所代表的概念。要根据明确的指令进行表达，一个方法就是造句。学生要使用给定词汇写句子，还要符合关于句子长度和单词位置的要求。下面是一些教师要求学生造句的例子：

◆ 写一个至少6个单词的句子，第二单词是"宠物"。

◆ 写一个句子，第3个单词是"地理"。

◆ 写一个最少包括9个单词的句子，以"尽管"开头。

◆ 写一个字数在11～12之间的句子，要含有"算法"这个术语。

从上面的例子可以看出，教师可以根据学习者的需要调整句子要求和难度。这种写作练习只需要几分钟的时间，但能让学生把他们的想法付诸纸面。这些句子可以再作为一个段落的起始句和主题句。

1年级教师泰雅·梅塔在让学生造句时，为他们提供了更多的支持框架。开始的时候，她让学生想出一个第三个字母是"v"的单词。"想好你的单词，然后写下来。"她说。然后她请学生分享想到的单词。

示例 7.2 标准概要

	超过标准（4）	达到标准（3）	接近标准（2）	未达到标准（1）
规范和结构	• 掌握语法、惯用法、结构和拼写 • 句子用词丰富，句式多样	• 基本掌握惯用法、语法、结构和拼写 • 能用不同的句子起词，尝试不同的句式	• 在语法、惯用法、结构和拼写上，存在影响理解的错误 • 起始句，句子长度和句型上比较单一，缺乏变化	• 在语法、惯用法、结构和拼写上，存在很多严重的，影响理解的错误 • 只是用公式化的，不自然的句子
学术词汇	• 坚持使用术语 • 正确使用多义的专业词汇	• 坚持使用术语 • 不能正确使用专业词汇	• 术语用得不多 • 不能正确使用专业词汇	• 完全不用术语 • 不能正确使用专业词汇
内容	• 有深刻的总结性的句子 • 突出了所有重点内容，省略了无关紧要的细节	• 有清楚的总结性句子 • 突出了大部分的主要内容，省略了很多不必要的信息	• 尝试写总结性的句子 • 突出了几个重要的内容，但是保留了不必要的细节	• 没有总结性的句子 • 没有突出必要的重点信息，保留了一些不必要的细节

"爱（love），"一个女孩说。"有（have），"另一个女孩说。第三个学生回答道："给（give）。"梅塔老师评价说："这些例子都太棒了。现在我们来造一个句子，你从这些单词中的选一个，作为句子的第一个单词。"学生们花了两三分钟写句子，随后梅塔老师请同学们说出他们写好的句子。"蜂巢里有蜜蜂（Hives have bees）。"赖安说。"把路让开！（Move out of the way！）"莫妮卡说。大家又用其它单词重复做同样的练习，直到每个同学都写好四个句子。这是梅塔老师说："现在，我希望你们写一个不少于三个句子的段落，其中要用到你刚写好一个句子，你可以用你最喜欢的一句。"在10分钟的时间内，梅塔老师让学生们完成了多个语言层面的练习：用字母写单词、用单词造句子、用句子写段落。"这样，通过造句我能了解到学生在哪一部分有困难，"她补充说，"如果哪里进展得不顺利，我能很清楚地看出那里出了问题。"

◀)) **测验** 尽管测验一般被当作严格的终结性评价方法，但也可以而且应该被用于形成性评价。简单的小测试可以在特定的时间及时给教师和学生以反馈，让他们了解哪些知识已经掌握，哪些尚未掌握。当然，控制难度是很重要的，因为突袭测试可能会给学生造成更多压力，也可能给学习氛围造成负面影响。

在简单的作业和测验中设计不同的考查方式是非常有效的，尤其是当学生们太熟悉写学习总结、用资料论证观点这一类的练习的时候。最常见的模式是使用选择题和简答题。选择题是事先设计好几个答案供学生选择。这种测试方式的一个优势在于干扰项的设计，即备选答案中的错误项。好的干扰项能起到诊断性测试的作用，这就要求教师把它设计成一个看上去多多少少有些道理的答案。

基特·赫洛薇是6年级的物理教师。在准备有关天文学的一个单元时，她预料到学生关于宇宙的内容会可能存在理解上的偏差，而且这些误解很难消除。她每周都让学生做几次选择题小测验，其中的一些干扰项暗示恒星夜复一夜地停在同一个地方，银河系很拥挤，恒星和行星的亮度只与它们离地球的距离有关等错误理解。"我得到很好的反馈，知道学生进展如何，"她说："尽管我目标明确，但是这些关于物理世界如何运行的误解，在一些人的头脑中根深蒂固。"赫洛薇老师还使用"听众应答系统"代替传统的笔和纸，这样学生就可以看到每个人的回答。"我提出问题，让学生回答，他们可以看到每个选项被选的百分比。我并不告诉他们正确答案是什么，但我让他们向同伴解释为什么会选这一项而不选其他项，"她说，"然后我再次抛出问题，让他们重新回答。很奇怪的是，这一次很多同学都选择出了正确答案，而我并没有告诉他们。"如果需要的话，赫洛薇老师会根据第二轮的回答进行更多的讲解。"如果很多学生都没有充分理解的话，我就要重新讲一遍。"她说，"但是，我也很清楚什么时候不需要再重复了。"

从低年级起，所有年级都普遍采用简答题的考查形式。学生以书面形式回答问题，答案少则几个单词，多则几个句子。简答题测试比选择题更有挑战性，因为它要求学生能够再现信息，而不仅仅是识别信息。一般来说，简答题以完整的问句形式出现，而不是给出部分陈述，让学生在后面留出的空白处补全信息的那种填空题。后者可能会让英语非母语的学习者和有语言障碍的学生感到迷茫。

道格曾在一堂2年级的课上体会到简答题的作用。2年级学生尼克刚刚读了关于汉普蒂·邓普蒂（童谣中从墙上摔下跌得粉碎的蛋形矮胖子）从墙上摔下了以后提起诉讼的幽默故事。读完以后，尼克开始专心做文后的阅读理解简答题。一个问题是，"汉普蒂·邓普蒂起诉的是谁？"尼克答道："汉普蒂·邓普蒂是一个鸡蛋。"道格老师看到这个错误的答案后，问尼克为什么这样回答。结果发现，问题出在尼克不认识"起诉"这个单词，于是他就忽略了这个词，把问题理解为"汉普蒂·邓普蒂是谁？"这就提醒我们，错误的答案通常并不是随机出现的，学生提供的答案取决于他们当时掌握的知识，也受制于他们尚未掌握的知识。作为老师，我们的任务就是找出错误的原因，这样就知道以后如何回应学生。

🙂 学生互评

一提到学生互评，很多老师心里就会有片刻的不舒服，这可能是源自他们对自己学校生活的记忆。南希记得她上一年级的时候，学校拥挤不堪，她和其他49个六岁的学生一起学阅读、加法和其他大部分一年级学生都在学的知识。直到现在，一个老师教那么多学生的场景

149

仍然让南希心有余悸，但在当时，人们好像并不担忧。你可以想像，学生数量如此之多，教师的工作是难以完成的，所以他们会经常让学生互相批改作业并打分。那时候每天作业成堆。（这不难想象，毕竟一个班就有50人。）所以批改作业的工作量很大。学生们每天交换作业五六次，由老师读正确答案，学生互相批改。学生们尽职尽责地在每个答案前划上勾或叉，然后合计总分写在作业的最上面。你唯一能做的就是，希望拿到你的作业的那位同学能集中精力，不要把你的正确答案批成错的，因为老师是绝对不会重新核对的。那么，这是不是我们今天所说的学生互评呢？

绝对不是。南希的老师超负荷地工作，面对大量要批改的作业，让学生互评只不过是为了省下一点时间。他没有试图结合其他资料来判断学生是否掌握了所学内容，而这种评价方式只能算是终结性评价，而绝不是形成性的。学生互评对评估人和被评估人都应是有益的，可以为双方都提供一些信息，用于指导自己的学习。但是学生互评确实需要精心的设计和指导才能顺利进行，然后学生才能有所收获。

尽管有证据显示，只要评估者经过训练，也能够给出有效和可靠的评价，但是学生还是希望得到老师而不是同学做出的评估。因此，最好将学生互评过程设计成一项任务或作业中一部分，这样有助于消除学生的疑惑，不再怀疑来自同学的反馈是否有效，这也有助于教师积极参与到形成性评价的过程中。否则，学生可能会把互评看做是在帮老师干活儿，因此不愿参与。

圆桌学生互评

"动态评估参与系统"的学生互评模式依赖教师的参与，通过下列活动完成：

1.师生共同讨论、共同选择评价标准或评分规则。

2. 采用圆桌模式，帮助学生更好地陈述、给出并接受反馈、进行互评和自评。

3.学生反思来自老师或同学们的反馈，并纠正自己的做法。

4. 如果有必要，互评过程可以重复（1～3步）。

5.学生提交最后的作业。

这一方法的核心是圆桌模式。学生根据自己感兴趣的话题自选一个小组。每个学生陈述他（她）的任务或作业，并即席回答同学们提出的问题。同学们根据评分规则或其它评估标准给作业打分，然后把分数交给陈述者，而陈述者也同时给自己打出分数。这时，陈述者应该思考自我评估和同伴评估结果之间的差距，必要时要进行修改。如果有需要，这个过程可以重复进行。整个过程中，教师发挥着积极作用，他们不仅要在圆桌讨论中一组一组地参与，还要在学生思考过同伴的反馈后，同他们单独交换意见。

6年级教师玛丽·艾伦·托马斯在学校举办科学展览前的几个周里，组织过圆桌讨论。因为展览项目比较复杂，通常需要几个星期的时间准备，她的学生们都觉得很难看到工作有进展。"以往，我看到相当一部分学生只想做出点什么应付差事，他们并不在乎是什么。"托马斯老师说，"学生们没有真正在其中学习、探究。这就是我为什么要每周都举行科学圆桌会议。"她分出几个小组，分别为生命科学、物理科学、心理科学和地球科学，然后让学生选择与自己的项目相符的主题小组。每周他们一起讨论自己的项目，向彼此提出一些问题，也给出一些建议。他们参照了托马斯老师为科学展览制定的评分标准，和一个详细说明进程的清单。这样，学生给每个陈述的项目打分，把分数交给陈述人，而陈述人同时也进行自评。第二天，托马斯老师与学生单独交流，探讨他们的互评和自评结果。"这会让他们步入正轨，对彼此负责，"她说，"要知道，科学家之间会互相交流他们的项目，而我希望我的学生也这样做。"

同伴书面反馈

一些人倾向于采用同伴互相反馈，而不是互相评价，因为前者更重视评价的形成而不是单纯的评测结果。四种普遍但毫无意义的同伴反馈为：泛泛的称赞可以验证正确性，但仅限于此，个人反馈（仅仅凸显读者自己的个人体验），句子修订和单词修改（只关注约定俗成的表达）。而更有价值的三种反馈如下：

文本回放：以文章的结构为中心（例如，"开头的主题句让我清楚地知道这句话的意图。"）；

读者需要：给作者提供来自读者的反馈（例如，"这两个角色争吵

时我感到困惑,以拳击墙的那位是谁?");

作者的策略:关注表达观点的方法和技巧(例如,"你可以用标题的形式标注每一部分。")

弄清楚学生互相反馈时什么有效、什么无效是一回事,教会学生怎么去做就是另一回事了。示例7.3中总结了一些学生互评中的不同因素的示范策略。

数字环境下的学生互评

日益普及的数字学习环境为学生互评和互相反馈提供了一个新的平台。因为这是全新的领域,还没有太多关于实践方面的研究。然而,我们掌握的一些案例告诉我们,既要充分认识到这一应用的潜力,也要谨慎对待。一方面,班级的信息网络给学生们提供了新的机会一起创作,尤其是一起合作完成某个项目和作业。学生可以很容易地互相分享和评估已经完成的工作,反馈和互评也不必一定要在上课的时候完成;但另一方面,当两个学生没有近距离地坐在一起时,他们的沟通方式会出现一些变化,因为数字环境所带来的距离让人很容易在交流的同时分心去做别的事儿,这就降低了互动的质量。当我们跟一个人面对面对话时,不会妄想同时查看邮件,但数字环境会让我们更容易做到这一点。此外,在数字环境下,学生可以匿名发帖反馈,这就可能给一些学生创造机会去发表恶意的,或者不顾及别人感受的评论,而这些都是毫无意义的。

示例7.3 学生互评的教学方法

方　法	教　师	学　生
分享你的作品	分享一篇作品并请全班同学反馈 分享根据反馈重新修改过的作品	评价教师展示的作品
区别评价和反馈	解释评价是针对作品的，而反馈是针对作者的	理解反馈是友好的、有帮助的
示范具体的赞美	解释作为读者如何表达你对作品的喜爱	明白啦啦队式的赞美太过宽泛，毫无益处
示范对作品的理解	解释如何表达你对作品的理解	明白向作者真实地反映作品的情况是有益的
示范如何提出问题	解释如何针对你不懂的地方提出问题	明白提出与作者的论题有关的问题是有益的
示范如何提出建议	解释如何提出写作建议	明白好的反馈者让作者知道下一步该做什么
示范如何全班一起反馈	组织全班同学，对一位同学的作品进行反馈	给出反馈 倾听来自同伴的反馈 注意作者认为哪些反馈是有帮助的
搭档反馈	把学生分成两两一组，互相给予反馈	根据全班集体进行的环节练习如何给搭档反馈
反馈评论	向作者宣读来自同学的反馈	了解老师对反馈的评语
反馈讨论	与反馈不当的学生单独讨论	强化反馈技巧

与面对面的学生互评一样，数字环境下的学生互评过程也需要教师的指导、评分准则和其他提高反馈有效性的工具。增设原作者给评议的同学反馈的步骤也很有用，说明其评价起到的作用。这种互动鼓励学生进行更多的对话，而不是单方向的交流。尽管不同平台有不同的特点，但大多都有供学生讨论的功能，有的甚至可以进行实时聊天。

在网络环境下进行小组协作项目的时候，学生的互评和对话可能会特别苛刻。我们都有过不成功的小组合作经历，可以预测到会出现的困难。对学生小组中出现的争执所做的研究发现，有五种负面角色：（1）牢骚满腹的人，这种人总是抱怨；（2）自我牺牲博取赞赏的人，主动承担更多的工作，却喋喋不休地向每个人诉苦说肩上的担子有多重；（3）欺凌弱小的人，在互动中胁迫他人；（4）游手好闲的人，在团队工作中几乎什么都不做；（5）搞破坏的人，不跟他人商量擅自更改小组成果、暗中破坏。出于对这些网络环境下破坏性行动的担忧，教师们添加了一个简单的活动日志模块，小组成员都可以在上面记下自己每天为团队做出的贡献和花的时间。其他团队成员也可以看到这些内容，这样他们就可以互相监督、互相促进、给彼此反馈意见。这种方法远比在项目的最后阶段互相评定等级这样的常规方法有效得多。

11年级的美国史教师托德·门登霍尔发现，使用互动电子日志可以让协作小组成员更加了解自己和同伴们所做的工作。托德老师的学生曾创建多媒体项目，对比研究了"二战"期间纳粹德国和美国为增加国内民众对战争的支持所使用的"说服与宣传"策略。尽管学生们定期在教室开会，但时间较短，而且多是查查出勤、定定计划，大部分的工作要在课外完成。所以在过去的几年里这种安排让一些团队怨声载道。"你知道，如果他们没有亲眼看到彼此的工作，就会认为只有自己在花费时间付出劳动。"而托德老师用局域网平台建立了一个网页，小组成员登陆平台，记录他们如何利用时间，以及他们在这个项目上花的时间。小组成员每周对其他成员的项目日志做出评价。

"这是我们第一次做这种尝试，"托德老师告诉我们，"但是我已经听到同学们对话的口气发生了变化。学生们不需要花时间去弄清楚他们进展到哪一步了，因为他们可以通过日志清楚地看到项目的进度并评论。这对我同样有帮助，因为无论有什么问题出现，我都能及时看到并即刻应对。上个星期我就把一个学生叫到一边谈话，因为他没有做好份内的活儿。由我跟他谈，就不仅仅是小组内的事儿了。我很高兴地看到他这个星期的记录就与其他同学的更一致了，同学给出的评价也有所提高，大部分评价不再针对这个同学的品质，而是更多地关注他所做的工作和任务，大家的目标更明确了。"

⚙ 学生自评

自评的主要目的是提高学生自我评价的能力。托德老师创建互动项目日志的一部分原因，就是让学生们看到同伴的评价，从而改正和改善自己的工作。要想在学术上取得成就，有一项能力至关重要，那就是要清楚自己学会了哪些知识，而哪些尚不明了。幼儿尤其难以掌握这一技能，这在很大程度上是因为幼儿的发育因素制约着他们的语言能力。尽管小学生在刚上学的几年里词汇量猛增，但他们通常没有掌握那些表达内心所想的词汇。一个2年级的学生不太可能会说："我已经发现，在数学课上，计算过程难以理解的时候，我走神了。您能慢点讲，把每一步用不同颜色的笔写出来吗？这样我可以看得清楚一点。"我们不可能得到这些信息，我们看到的是只是一些外在表现——一个学生在数学课上目光游离到窗外，好像在做白日梦。所以我们有必要给学生们提供一些具体的方法，帮助他们反思自己的学习情况，在课堂上逐步扩展学生们关于自我评价的词汇，比如目标设置表、已知—想知—学知图表和个人研究报告。

目标设置表

维尔玛·约翰逊教的3年级学生每天早晨都会为自己一天的学习设置目标，在放学的时候评估自己是否有所收获。他们怀揣目标开始新的一天，并以约翰逊老师在教室展示的目的表述为指导。老师给大家示范，如何通过一边写一边进行有声思维的方式，设定自己的学习目标。目标重点是不断变化的：这一天他们可能把重点放在读和写上，而另一天他们会重点学习数学，或者关注如何寻求帮助和帮助他人，甚至可以是学习如何与班上其他同学好好相处。在每天放学前10分钟，学生们拿出目标设定表，然后对自己的学习情况进行评估。这些自评是学生的"出门证"，约翰逊老师站在门口跟和每个离开的学生告别，同时把他们的自评收集起来。"这是我了解每个学生的方式，"她说，"我可以弄清楚每个学生给自己设定的目标，以及他们如何看待自己付出的努力。我开始注意到一些学生的思维模式，比如德翁，他在班上很沉默。我从他设置的目标表上发现：一旦他没有完成一项任务，他就会对自己非常苛刻。我告诉他，完成一项任务和学到一些知识之间是有区别的，不完全是一回事儿。我跟德翁一起重新回顾了我在课上描述的学习目的，并向他指出需要学会的部分。"（低年级学生适用的目标设置表参见示例7.4。）

已知一想知一学知图表

这一学习过程最初于1986年提出，直到今天一直很受欢迎，热度不减，主要原因是这种学习方法能激发学生去探究、反思，并能培养他们的元认知意识。已知一想知一学知图表共分三栏，分别标为已知（K）、想知（W）和学知（L）。这一模式要求学生分别列出他们对某一主题已有的知识（已知）和渴望学到的知识（想知）。在关于该主题的学习告一段落的时候，他们再重新拿出这个图表，列出他们已经学会的知识（学知）。这套方法的设计初衷是为了用于小学生的常规教学，但后来被证实同样适用于中学生。后来又出现了特别为高年级学生开发的修订版的已知一想知一学知模式。在这种模式下，前三个步骤是相同的，但加上了一个新的部分，强调概念匹配和概括。这一部分

示例7.4 低年级学生用的目标设置表

我今天阅读的学习目标是：

当我_____的时候就完成了今天的学习目标。

我做得怎么样？

我今天写作的学习目标是：

当我_____的时候就完成了今天的学习目标。

我做得怎么样？

旨在训练学生把已经学到的知识组织到一定的概念范畴内，从而强化学生对该主题的心理图式，然后运用概念图，写出书面概括。

9年级地球学教师亚当·瑞尼克习惯在课堂上让学生们使用修订版的已知—想知—学知模式，反观自己的学习情况。当他们开始学习主题为"风化和侵蚀"这一单元时，学生们先阅读一篇主题文章，并展开讨论。大家先就"风化"现象各抒己见，回顾了自己已经掌握的背景知识，随后一起讨论瑞尼克老师拍下的"地层构造"照片。全班同学一起通过阅读学习了两个定义，并把要点列了出来。之后，他们两人一组把一些细节情况分类，归入相关的概念范畴。

西蒙尼和奇奇建立了四个范畴：化学风化、物理风化、侵蚀和沉积（这是一个他们在阅读过程中遇到的新术语。）瑞尼克还鼓励学生写下他们没弄清楚的问题。西蒙尼写到："文中说沉积现象受'流速'影响。这跟'速度'是同一个意思吗？"奇奇的问题是："酸沉降也是动力风化和化学风化的一个例子吗？"瑞尼克老师要求学生下课离开时上交对所学知识的总结，他据此对下一堂课进行规划。"通过这些简短的总结，我可以清楚地了解到学生们对哪些问题比较关注。"他说，"上完课的第二天，我读过他们的问题后就跟他们一起讨论。很多时候，不止一个学生会问及类似的问题。"

◀)) **个人研究报告** 初中生需要写主题各异的研究报告，进入高中阶段后，报告的长度和难度会有所增加。这类报告通常有规定的格式，最终成果反映学生对某一主题的学习情况。然而，这种报告常用第三人称或者过去时态，这就使论文写作中的探究过程隐而不显。为了在报告中保留探究过程的痕迹，麦克罗（Macrorie）开发了另一种形式，即个人研究报告。正如麦克罗所言，从这种报告中能看出学生"在进行一项研究，试图为自己发现他必须知道的事情，并写下他求索真相的过程"。个人研究报告以第一人称写，不要求比较正式的学术语气，这对初学者来说就更简单易行。

个人研究报告的很多要素能反映出已知—想知—学知图式下的学

习过程。选出主题后（重要的第一步），学生写出自己对该主题已经掌握的背景知识，并设计好问题作为进一步研究的线索。在报告的正文部分，学生用学习到的新信息，对之前设计的问题——作答，并根据新的发现在结论部分提出新的问题。（示例7.5为英语教师詹森·卢瑟提供的一份个人研究报告模板。）

5年级教师杰西·兰波在跟学生们一起研究美国移民和西进运动的时候使用了更简短的个人研究报告形式。他们虚构了生活在18、19或20世纪的孩子，并描述他们的生活会是什么样子。

兰波说："我是受到棒球卡的启发。卡片的背面有很多关于球员的职业生涯的信息，但这些信息仅仅暗示我们球员的经历可能是什么样

示例7.5　样本：个人研究报告

前言

1. 描述生活中一个真实的问题或情况。（1~2页）
2. 针对这一问题或情况提出一个问题（或几个问题）。（1段）

正文

3. 根据个人经历和已有知识储备尝试回答这一（几个）问题。（2页）
4. 就近或从图书馆收集4~5份参考资料，并根据学到的知识解答问题。（4~5页）
   - 说明选择这些资料的理由
   - 引用或解释每份资料
   - 思考每份资料给出的答案

结论

5. 总结已经学到的知识，并对下一步的学习进行规划，提出"我学到了什么？"和"下一步我将学什么？"的问题。（1页）

子的。我也为生活在不同时代的孩子制作了类似的卡片，要求我的学生去写一个故事。"兰波老师的卡片，可能代表一个18世纪90年代从爱尔兰来到美国的女孩，一个跋涉在俄勒冈小径上的男孩，或者是一个被驱赶到泪水之路的彻罗基族孩子。

其中一张卡片上描述着一个叫马德尔的女孩。她本来住在非洲象牙海岸的一个村庄，后来被绑架卖作奴隶。德斯蒂尼选中这个女孩作为个人研究报告的主题，并讲述了马德尔被关押在奴隶贩运船上、在南卡罗来纳州的拍卖台上被卖掉以及后来在大种植园的生活经历。"我想知道的第一件事儿是，被关在奴隶贩运船上的生活是什么样子的。"德斯蒂尼说，"我当时读的一本书是《中途航道》(*The Middle Passage*)，书中的图片让我不寒而栗。但这本书给了我一个想象的空间。"德斯蒂尼写了马德尔的名字被改成"玛丽"的一段经历，她是这样写的：

> 马德尔的新主人就叫她玛丽了。主人叫不对她的名字，甚至根本不在乎她叫什么。马德里好久都不知道那是她的新名字。她对圣经或基督徒一无所知，所以"玛丽"这个名字对她来说很奇怪，似乎也并不属于她。甚至在玛丽成为一个92岁高龄的老妪，早已重获自由，不再是奴隶的时候，她仍然说她之前的名字"马德尔"永远地留在了非洲。

德斯蒂尼还写下了在完成上述任务的过程中想到的一些新问题。

"我想知道奴隶制度废除之后，像马德尔这样的人们如何度过余生，"她说，"比如，你们到哪里去？能找到你们曾经的家人和老朋友吗？我知道内战结束了，但我想了解更多战后的情况，尤其是像马德尔这样不认字、不能读书的人，他们的生活会如何？"

⚙ 结论

之所以要确立一个清晰的学习目的，根本原因是我们需要判断学生是否完成了学习目标，确定哪些学生还需要进一步的指导。在一份优秀的教案中，目的设置起着驱动作用，并指导师生在学习中互动。没有学习目的，课堂就变成了一系列活动或任务的简单堆砌，学生无法把有趣的学习经历综合成一个有意义的整体。正如我们之前说过的，明确学习目的只需要投入很短的时间，大约只有30秒左右，回报却不容小觑，可谓事半功倍。但是别忘了，在这之前要做大量的准备工作，以确保为学生设立的学习目的是最恰当的。这让我们想起作家兼哲学家拿破仑·希尔的一句话："如果一个人没有核心目的，或者目的不明确，那他就没有成功的希望。"让我们找准学习目的，引领学生奔向成功吧！

关于作者
About the Authors

　　道格拉斯·费舍（Douglas Fisher）是美国圣地亚哥州立大学师范教育系语言文化教育教授，健康科学中高等学院教师组组长，加利福尼亚州阅读名人堂成员，获"国际阅读协会名人文化奖"，"美国英语教师协会优秀创作奖"，"美国州立大学克里斯塔·麦考利芙师范教育优秀奖"。道格拉斯发表了数篇提高学生成绩的学术论文，出版了数部专著，包括《可见的学习与深度学习》《高度参与的线上线下融合式教学设计》《教师如何提高学生小组合作学习效率》《积极课堂：如何更好地解决课堂纪律与学生的冲突》。

南希·弗雷（Nancy Frey）是美国圣地亚哥州立大学师范教育系文化教授，健康科学中高等学院教师组组长。在进大学之前，南希任佛罗里达州布劳沃德县公共学校特殊教育教师，教授小学和中学的学生。之后，她任职于佛罗里达州教育局，从事一个支持全州残疾学生教育的项目。南希获得了"美国州立大学克里斯塔·麦考利芙师范教育优秀奖"，"国家阅读协会青年成就奖"。她的研究兴趣包括阅读与文化，评估，介入式教学和课程设计。她发表和出版了很多文化和教学指导方面的学术论文和专著，包括《可见的学习与深度学习》《高度参与的线上线下融合式教学设计》《教师如何提高学生小组合作学习效率》《积极课堂：如何更好地解决课堂纪律与学生的冲突》。

思维导图
The Mind Map

向学生清楚传达学习目的

- 明确学习目的就是将这堂课的目标清楚地告诉学生
  - 目的表述以学生为中心
  - 学习目标可以借助SMART工具设定
- 明确学习目的，促进教学
- 明确学习目的是学习新知识的主要动力 —— 确立学习目的=确立学习期望 —— 高期望值能够减少学生犯罪和不良行为
- 明确学习目的可以吸引学生注意力
- 逐步放开责任任教学法
  - "我做" —— 用目的指出重点内容
  - "我们做。" —— 用目的检验指导性教学
  - "你们一起做。" —— 用目的引导合作学习
  - "你自己做。" —— 用目的引导独立学习

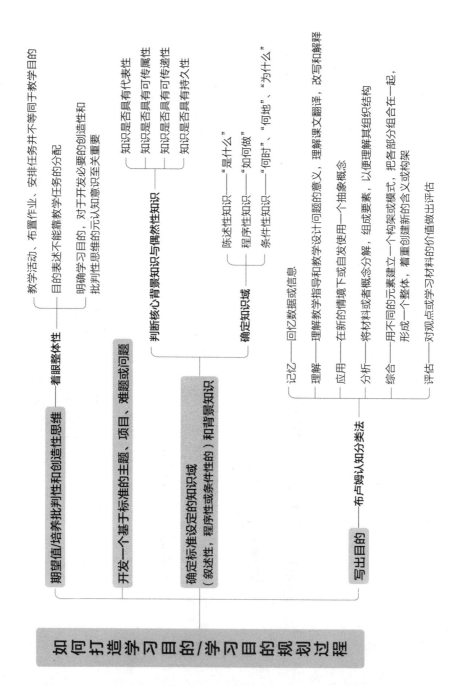

如何打造学习目的/学习目的规划过程

期望值/培养批判和创造性思维 —— 着眼整体性
- 教学活动、布置作业、安排任务并不能等同于教学目的
- 目的表述不能靠教学任务的分配
- 明确学习目的，对于开发必要的创造性和批判性思维的元认知意识至关重要

开发一个基于标准的主题、项目、难题或问题

确定标准设定的知识领域（叙述性、程序性或条件性的）和背景知识
- 判断核心背景知识与偶然性知识
  - 知识是否具有代表性
  - 知识是否具有可传属性
  - 知识是否具有可传递性
  - 知识是否具有持久性
- 确定知识领域
  - 陈述性知识 —— "是什么"
  - 程序性知识 —— "如何做"
  - 条件性知识 —— "何时"、"何地"、"为什么"

写出目的 —— 布卢姆认知分类法
- 记忆 —— 回忆数据或信息。
- 理解 —— 理解教学指导和教学设计问题的意义、理解课文翻译、改写和解释
- 应用 —— 在新的情境下或自发使用一个抽象概念
- 分析 —— 将材料或者概念分解，组成要素，以便理解其组织结构
- 综合 —— 用不同的元素建立一个构架或模式，把各部分组合在一起，形成一个整体，着重创建新的含义或构架
- 评估 —— 对观点或学习材料的价值做出评估

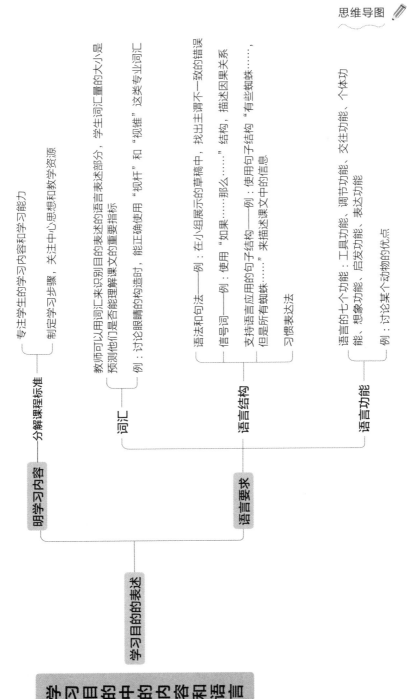

学习目的中的内容和语言

学习目的的表述

明学习内容 ——— 分解课程标准 ——— 专注学生的学习内容和学习能力
                                制定学习步骤，关注中心思想和教学资源

              词汇 ——— 教师可以用词汇来识别目的表述的语言表述部分，学生词汇量的大小是
                      预测他们是否能理解课文的重要指标
                      例：讨论眼睛的构造时，能正确使用"视杆"和"视锥"这类专业词汇

语言要求 ——— 语言结构 ——— 语法和句法 ——— 例：在小组展示的草稿中，找出主谓不一致的错误
                      信号词 ——— 例：使用"如果……那么……"，结构，描述因果关系
                      支持语应用的句子结构 ——— 例：使用句子结构"有些蜘蛛……
                      但是所有蜘蛛……"来描述课文中的信息
                      习惯表达法

              语言功能 ——— 语言的七个功能：工具功能、调节功能、交往功能、个体功
                          能、想象功能、启发功能、表达功能
                          例：讨论某个动物的优点

169

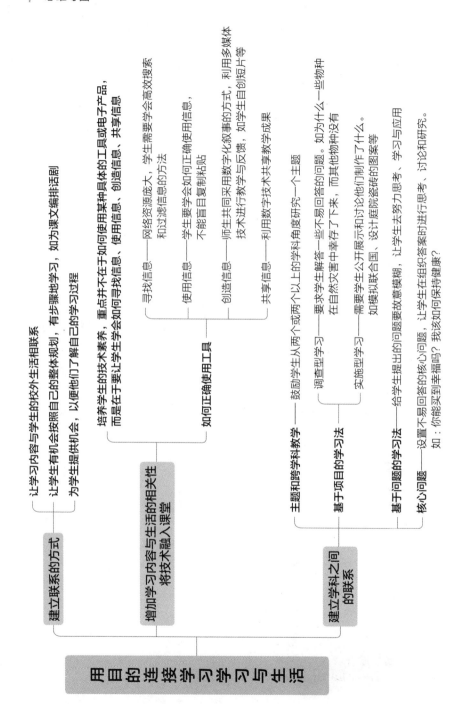

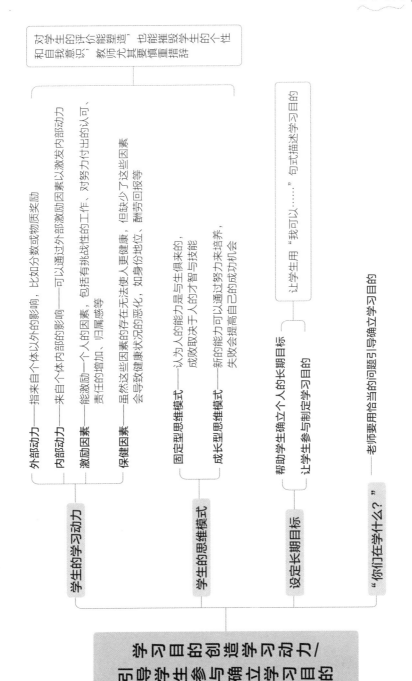

学习目的创造学习动力/
引导学生参与确立学习目的

学生的学习动力

外部动力——指来自个体以外的影响，比如分数或物质奖励

内部动力——来自个体内部的影响——可以通过外部激励因素以激发内部动力

激励因素——能激励一个人的因素，包括有挑战性的工作、对努力付出的认可、责任的增加、归属感等

保健因素——虽然这些因素的存在无法使人更健康，但缺少了这些因素会导致健康状况的恶化，如身份地位、酬劳回报等

对学生的评价能塑造，也能摧毁学生的个性和自我意识，教师尤其要慎重措辞

学生的思维模式

固定型思维模式——认为人的能力是与生俱来的，成败取决于人的才智与技能

成长型思维模式——新的能力可以通过努力来培养，失败会提高自己成功的机会

设定长期目标

帮助学生确立个人的长期目标

让学生参与制定学习目的

让学生用"我可以……"句式描述学习目的

"你们在学什么？"——老师要用恰当的问题引导确立学习目的

171

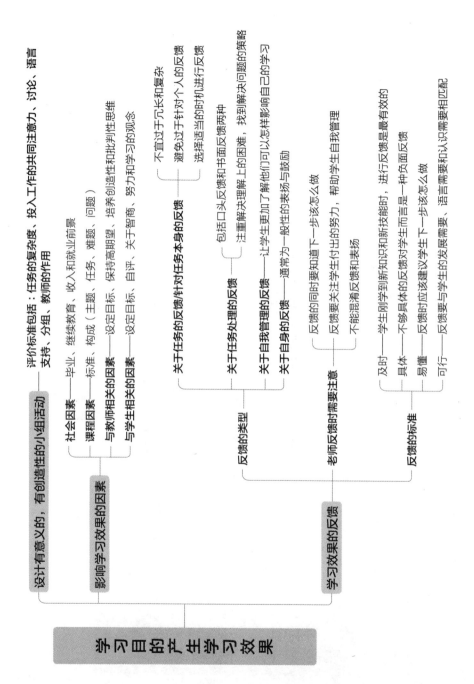

用学习目的验证学习效果

教师评估
- 非书面评估——包括言语和非言语两种评估方法，比如用手指示意、复述、提问等
- 书面评估——保留时间长，包括写总结、测验等

学生互评
- 圆桌互评系统——学生陈述任务或作业，其他同学为其评分
- 同伴书面反馈——可以从文章结构、读者反馈、作者策略三个角度进行学生互评，但要注意匿名环境可能会滋生恶意评价
- 数字环境中的学生互评——依靠数字信息技术进行学生互评

学生自评
- 目标设置表——结合老师的教学目的，学生为自己设置每日学习目标
- 已知-想知-学知图表——让学生列出他们对某一主题已有的知识（已知）和渴望学到的知识（想知），在学习过程结束后列出已经学会的知识（学知）
- 个人研究报告——报告采用第一人称，让学生发现他想知道的事情，并写下求索真相的过程

学习的科学

每位教师都应知道的
77项教育研究成果

ISBN：978-7-5153-6409-4
作者：[英] 布拉德利·布什
　　　　　　　爱德华·沃森
2021-8　定价：59.00元

★ 英国亚马逊教育榜单好评图书，汇集关于"学习的科学"非常重要的77项教育研究成果，帮助教师解决阅读教育研究成果长篇论文的难题，帮助教师了解新的前沿的研究成果，一目了然读懂什么是对学习是很有帮助的。

★ 资深心理学家布拉德利·布什、牛津大学和伦敦商学院高材生爱德华·沃森，两位大咖强强联手，帮助广大教师解决很多教育难题。

★ 有效提高教师的信息化素养，提升学生学习的科学性。

内容简介： 学习的科学是中小学教师非常需要的资源，以帮助他们的学生改善他们在学校的思维、感觉和行为方式。这本书可让教师跨学科应用，是帮助学生学习并通过考试的技术。

本书将77项有关学习主题的最重要、最具影响力的研究转换成了通俗易懂的语言文字，涵盖了记忆、动机、元认知以及行为、偏见和养育等领域，并将每项研究分解为"研究概况、主要研究结果、相关研究和课堂启示"四部分，以教师可理解、可操作的方式呈现在读者面前。

本书独特有力地揭开了关于学习的各种关键概念的神秘面纱，将研究成果转换为课堂中的实用建议。

布拉德利·布什 资深心理学家，有丰富的学校工作经验，英纳德公司的特许心理专家，对教育现象有着独到的理解和诠释。

爱德华·沃森 牛津大学和伦敦商学院的高材生，英纳德公司的创始人，有着过人的管理经验。

他们专注于成长思维、元认知、学习科学、记忆、大脑管理和压力管理策略的应用，以提高动机、学习和信心。两人强强联合，共铸教育事业。

在芬兰中小学课堂观摩研修的365日

ISBN：978-7-5153-6360-8
作者：陈玟桦
2021-5 定价：49.00元

内容简介：以研究者敏锐的观察力，深度向芬兰师生立体学习，跟着作者直接到芬兰教室观察吧！

芬兰教育20多年来，一直领先世界，成为全球教育界学习的标杆。

本书作者亲自到芬兰学校进行了为期365天的观摩体验，亲临一线，深度参与，交流学习和深入了解芬兰教育背后的教育理念基础和思想渊源，以及教育体系带来的实际变化和发展路径，从而学到芬兰教育的真谛，总结提炼出芬兰教育的真相。

全书以理论为框架，以纪实课堂作为案例，深刻且有系统地介绍芬兰教育，让教师能在阅读后精准地掌握芬兰教育的实况与脉络，学习芬兰"在学习中生活，在生活中学习"的教育精髓，其教育理念与反思为教育工作者提供了有益的借鉴。

全书内容包含以下框架：

◆ 芬兰教学现场观察：芬兰课室观察：正式课程篇。

包含语文课（芬兰语、瑞典语、英语），数学课，科学课（环境研究、生物），艺术课（音乐、视觉艺术），设计课（家庭经济），体育课，社会课（历史），以"现象"为学习之网的跨领域学习。

◆ 再谈芬兰课室观察：非正式课程篇

由参与全校郊游日、学生代表会议和家长日/夜，来看师生之间的沟通情况，以及家长老师的互动现场观摩。

本书非常适合从事中小学教育的老师和学校领导者参考借鉴。

陈玟桦 作家、非常有经验的一线教师，台湾师范大学课程与教学所博士。2018年2月-2019年2月以博士候选人身份，用一年时间在芬兰中小学观摩研究。博士论文是《立体学习地景——芬兰赫尔辛基一间学校的现象为本学习》，更是荣获贾馥茗教授教育基金会博士学位论文优良奖、田培林教授博士学位论文优良奖，年度双料冠军。专长为：芬兰教育（现象为本学习）研究/跨领域教学研究/课堂研究/多元文化教学研究等。